历代诗词分类鉴赏之九

图文本

节令·风俗

火树银花合

huoshuyinhua he

周啸天 等 编著

凤凰出版传媒集团 凤凰出版社

图书在版编目(CIP)数据

火树银花合:节令·风俗/周啸天等编著. —南京:凤凰出版社,2009.9

(历代诗词分类鉴赏)

ISBN 978-7-80729-395-8

Ⅰ.火… Ⅱ.周… Ⅲ.古典诗歌—鉴赏—中国
Ⅳ.I207.2

中国版本图书馆 CIP 数据核字(2009)第 158100 号

书　　名	火树银花合——节令·风俗
编　　著	周啸天等
责任编辑	李相东
美术编辑	姜　嵩
出版发行	凤凰出版传媒集团 凤凰出版社(原江苏古籍出版社) 南京市中央路 165 号　邮编 210009 发行部电话 025—83223462
集团网址	凤凰出版传媒网　http://www.ppm.cn
照　　排	南京紫藤制版印务中心
印　　刷	南京通达彩印有限公司 南京市六合区冶山镇　邮编:211523
开　　本	718×1005 毫米　1/16
印　　张	11.5
字　　数	207 千字
版　　次	2009 年 9 月第 1 版　2009 年 9 月第 1 次印刷
标准书号	ISBN 978-7-80729-395-8
定　　价	22.00 元
	(本书凡印装错误可向承印厂调换,电话:025—57572508)

卷首语

民族首先是按语言来划分的。如果一位华侨根本不会说中国话，那么他就不再是一个中国人了。居第二位的应该是什么呢？应该是风俗。你看那些打工仔，为什么不惜花去一年工资的三分之一，一定要挤进爆满的车箱，匆匆赶回家过年？这就是年节的感召力，是一个民族几千年来的习惯在起作用。

有一次，在机场候机厅碰见一位华人，本来已经在美国拿到绿卡了，可还是住不惯，他每年必定要回国一次，其目的仅仅是为了吃上下酒的猪耳朵！可见即使是简单的饮食风俗，也是挥之不去的。

一个民族的风俗，又主要表现在传统节日上。只要翻开古典诗词，读读那些描写传统节日的佳篇，马上就与古人没有距离感了，爱国爱乡之情便油然而生了。所以爱国主义教育不一定全讲《正气歌》，讲一讲中秋词，也有异曲同工之妙呢。

撰稿人：

周啸天　滕伟明　管遗瑞

（以下按姓氏笔画排名）

丁　颖　丁稚鸿　王　飞　王　涛　吴闻莺　张应中

李坤栋　李亮伟　陈　坦　罗　玲　易可情　唐　彦

殷志佳　秦岭梅　郭扬波　梅　红　董志刚

目录

召南·采蘋

◎《诗经》

于以采蘋？南涧之滨。于以采藻？于彼行(háng)潦(lǎo)。
于以盛之？维筐及筥(jǔ)。于以湘之？维锜及釜。
于以奠之？宗室牖下。谁其尸之？有齐季女。

此诗通过为"季女"采蘋，以问答的形式，反映了将嫁少女需祭祖的风俗礼仪。从诗歌本身的表现形式看，它是采蘋女子一问一答的劳作歌。这首充满劳动生活气息的诗歌，一方面真实地反映了当时的民俗风情，一方面体现了诗歌本身的某些艺术特点。

全诗三章，每章各有侧重：第一章是叙述祭品的种类及采集祭品的地方，第二章是叙述用什么器物装祭品和怎样加工祭品，第三章是叙述放置祭品的地方(即祭地)和主祭之人。结构层次，井然有序。透过这首诗，我们可以看到当时婚俗的一个侧面。

诗中的一问一答，实际上是对唱形式。似乎是两个采蘋女子边劳动边对唱，很像民间对歌形式，有着浓郁的生活气息。不仅气氛显得热烈、欢快，而且可以烘托出采蘋女子的形象。

诗中还采用了侧面烘托的手法，层层渲染置办祭品的过程，最后才点出将要出嫁的"季女"是一位虔诚而美丽的姑娘。这位"季女"在诗中并未直接出场，而是从采蘋女子的对唱中透露出来的。

全诗语译如下：

哪儿去采蘋？南山涧水滨。哪儿去采藻？沟渠水清清。
搁哪儿装起来？方筐和圆箩。搁哪儿煮起来？锅子带三脚。
搁哪儿放祭品？宗庙天窗下。由谁来主祭？虔敬一少女。

《诗经》，我国最早的诗歌总集，本称《诗》，汉时独尊儒术，始称《诗经》。共收西周初年至春秋中叶的民歌和朝庙乐章歌辞305篇，另有笙诗6篇有目无诗。全书按音乐分风、雅、颂三类（一说分风、小雅、大雅、颂四体）。汉代传《诗》者有齐、鲁、韩、毛四家，今传《诗经》为《毛诗》。

郑风·溱洧

◎《诗经》

溱与洧，方涣涣兮。士与女，方秉蕑(jiān)兮。女曰“观乎？”士曰“既徂(cú)”。“且往观乎？洧之外，洵訏(xū)且乐。”维士与女，伊其相谑，赠之以勺药。

溱与洧，浏其清矣。士与女，殷其盈矣。女曰“观乎？”士曰“既徂”。“且往观乎？洧之外，洵訏且乐。”维士与女，伊其相谑，赠之以勺药。

农历三月上旬第一个巳日称上巳。此诗写上巳日郑国男女相约郊游情事。“郑国之俗，三月上巳之日，于两水(溱、洧)上招魂续魄，祓除不祥。故诗人愿与所悦者俱往观也”(《韩诗章句》,《太平御览》)。方玉润说：“想郑当国全盛时，士女务为游观。莳花地多，耕稼人少。每值风日融和，良辰美景，竞相出游，以至兰勺互赠，播为美谈，男女戏谑，恬不知羞，则其俗流荡而难返也。在三百篇中别为一种，开后世冶游艳诗之祖。”(《诗经原始》五)此诗用第三人称叙事，与代言体抒情诗不同。它叙事的同时展示了更广阔的背景，可使人窥见民情风俗，不止恋情而已。

阳春三月，河水解冻，溱洧水涨得汪汪洋洋的。郑国的青年男子三五成群，秉执泽兰，在清澄的水边，招魂续魄，祓除不祥。此诗两章的前四句，都是描绘这个节日的盛况。从“士与女，方秉蕑兮”到“士与女，殷其盈矣”，通过换章易词，写出了一个时间上循序渐进的过程。前章的两个“方”字，意谓节日开始；后章“殷其盈矣”，则见盛会达到高潮。这样一个男女大集会，是天然的交际场所，到处充满春意。两章诗的后几句，着重刻画了在这个节日喜庆背景下发生的一对青年男女结伴赶会的小小插曲。

一位迟到的女郎，在洧水边上遇到一位迎面而来的男子，便热情地邀他同往赶会。这一情事包含在“女曰观乎”寥寥四字之中。不料那青年刚从洧水那边看过热闹回来，所以有“既徂”（去过了）的答谢。以下三句：“且往观乎？洧之外，洵訏且乐。”未标明士曰女曰。朱熹理解为“女复邀”之辞；郭沫若则理解为男方主动迁就之辞（见《卷耳集》）。不管是女子复邀也好，男方迁就也好，或是两人达成“协议”也好，都是如此的自然，如此的大方，毫无忸怩作态。于是这一对结伴的人儿，遂说说笑笑，渐次亲昵，愉快远在游乐之上，后来竟互赠香草定情。何以要赠芍药？药音谐“约”，芍药一名江篱，音谐“将离”，“言将离赠别此草也”（《韩诗外传》），即相会待明年。

《溱洧》在直叙中插入对话，这种手法使场面活跃，富于情节性。故姚际恒说“诗中叙问答语甚奇”，“盖诗人一面叙述，一面点缀，大类后世弦索曲子”（《诗经直解》引）。的确，《溱洧》有情节有对问的写法，使读者如听“二人转”，妙趣横生。

全诗语译如下：

溱水与洧水，浩浩荡荡啊。小伙与姑娘，手执兰草啊。姑娘道：“瞧瞧如何？”小伙道：“我刚去过。”“再去瞧瞧如何？洧水边上，真个宽敞又快乐。”姑娘和小伙，笑笑又说说，相赠以芍药。

溱水与洧水，清清澈澈啊。小伙与姑娘，结队成群啊。姑娘道：“瞧瞧如何？”小伙道：“我刚去过。”“再去瞧瞧如何？洧水边上，真个宽敞又快乐。”姑娘和小伙，笑笑又说说，相赠以芍药。

豳风·七月

◎《诗经》

七月流火，九月授衣。一之日觱发，二之日栗烈。无衣无褐，何以卒岁！三之日于耜，四之日举趾。同我妇子，馌(yè)彼南亩，田畯至喜。

七月流火，九月授衣。春日载阳，有鸣仓庚。女执懿筐，遵彼微行，爰求柔桑。春日迟迟，采蘩祁祁。女心伤悲，殆及公子同归。

七月流火，八月萑(huán)苇。蚕月条桑，取彼斧斨，以伐远扬，猗彼女桑。七月鸣鵙(jú)，八月载绩。载玄载黄，我朱孔阳，为公子裳。

四月秀葽，五月鸣蜩。八月其获，十月陨萚(tuò)。一之日于貉，取彼狐狸，为公子裘。二之日其同，载缵武功，言私其豵，献豜于公。

五月斯螽动股，六月莎鸡振羽。七月在野，八月在宇，九月在户，十月蟋蟀入我床下。穹窒熏鼠，塞向墐户。嗟我妇子，曰为改岁，入此室处。

六月食郁及薁(yù)，七月烹葵及菽。八月剥枣，十月获稻。为此春酒，以介眉寿。七月食瓜，八月断壶，九月叔苴。采茶薪樗(chū)，食我农夫。

九月筑场圃，十月纳禾稼。黍稷重(tóng)穋(lù)，禾麻菽麦。嗟我农夫，我稼既同，上入执宫功。昼尔于茅，宵尔索绹。亟其乘屋，其始播百谷。

二之日凿冰冲冲，三之日纳于凌阴。四之日其蚤，献羔祭韭。九月肃霜，十月涤场。朋酒斯飨，曰杀羔羊。跻彼公堂，称彼兕觥，万寿无疆！

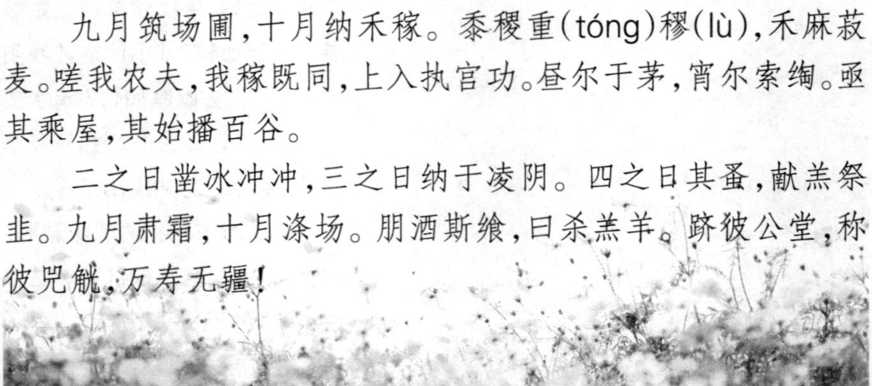

豳地今属陕西，原是周人祖先公刘开发的地方，周平王东迁以后，这个地方归秦所有。故《豳风》七篇，都是西周时代的作品。《七月》是一首四时田园纪事长诗，它反映了当时奴隶们一年到头的繁重劳动和苦寒生活。诗共八章，章各十一句，共八十八句，是《国风》中最长的诗篇。

全诗各章基本上按季节月份先后，杂叙农时农事。西周人兼用夏历和周历，诗中凡提到月，皆属夏历；提到几之日，则属周历，一之日即周历的一月，相当于夏历十一月，二之日相当于十二月，三之日相当于一月，四之日相当于二月。此外还有一处提到蚕月，是夏历三月。

第一章从岁寒授衣写到春耕生产。"流火"，指火星渐向西下行，是暑退将寒的时候。诗人由此想到天寒授衣之事。上世纪七十年代出土的秦简，有对奴隶发放夏衣、冬衣的条文——这并非出于仁慈，而是基于一个简单事实——奴隶都是奴隶主的私产、会说话的牲口。授衣的时间正是九月到十一月，可与此诗参证。下面就说，十一月寒风呼啸，十二月寒风凛冽，有时寒衣没发下来，就难免有"无衣无褐，何以卒岁"的啼饥号寒之声。正月开始整治农具，二月就抬脚下田。妇女儿童就往田里送饭。奴隶们干活卖力，监工露出了笑脸。

二章就从春日即夏历三月说起（首二句重复第一章不计），专讲女奴从事蚕桑劳动的情况。春天气候暖和（"载阳"），黄莺开始婉转啼鸣。于是女奴们沿着小路（"微行"），去采柔嫩的桑叶。女奴们还得采集蘩草（白蒿）来饲幼蚕。春天白昼变长，蘩草采了很多（"祁祁"），但女奴的心里充满忧伤。关于为什么忧伤，旧注解释得很乱，今人多从郭沫若说："怕是有公子们把她们带回家去"。但既"为公子裳"，可见是公子家奴，怎么还怕与"公子同归"呢？按照情理，贵族公子看上女奴，大可不必到田野去掳；公子属意女奴，在女奴也不必是伤悲之事。清人姚际恒以为公子是指豳公的女公子(《诗经通论》),极是。在奴隶社会里,奴隶主的女儿出嫁是以女奴为陪嫁的,这些女奴将被迫远离其父母。她们为自己的不幸感到悲伤,所以干活时显得心事重重。

三章从蚕桑劳动说到布帛衣料的制作。开头基本上还是重复前两章,只是为了换韵,第二句作"八月萑苇"。同时,也就从八月收割芦苇用作来年蚕箔,而想到下年开春蚕桑之事——"条桑"是修剪桑枝,"取彼斧斨,以伐远扬,猗(牵引)彼女桑(嫩小桑枝)"是具体操作情况。再写七月伯劳鸟叫,回到八月,写织布染色。衣料颜色有黑有黄,而红色的衣料特别漂亮,好给小姐制作嫁妆。这与上章末尾适成呼应,是继续写女奴的纺绩缝纫劳动。

四章首以四月,承前章八月写秋收以后的狩猎活动。先叙四、五月的物候——王瓜结子,知了长鸣,只是表明时序的流逝。八月收获完毕,十月开始落叶,十一月开始狩猎("于貉"),以珍贵的狐皮为女公子准备嫁妆。十二月聚会("其同"),继续打猎。小兽归私,大兽归公。

五章首以五月,写修缮破屋,准备过冬。前六句为闲中生色的笔墨,着眼于昆虫之微,插说时序流逝时的物候变化。斯螽,蝗虫类;莎鸡,纺织娘,此二虫略写。七月以下,皆写蟋蟀。通过其叫声由田野——屋檐——房间——床下的迁移,表示出天气的渐寒,可以说是极细致有趣的生活观察。于是阻塞室内洞穴("穹窒"),以烟熏杀老鼠;堵起北面窗子("塞向"),用泥涂门缝("墐户")。以下用叹息的口气说:可怜我妻儿老小,在此年关将近时候,就住进这样的房子。

六章则首以六月,写奴隶们除了农桑田猎之外还有许多杂务要做。如摘果子，煮豆子，酿酒，采瓜，摘葫芦，收麻籽等等。而奴隶们自己过的日子则是“采荼薪樗，食我农夫”——即吃苦菜、烧臭椿木凑合凑合。

七章写庄稼收获归仓后，还要到奴隶主家里服劳役，然后急急忙忙修理自己的破茅草棚，又要说到田间播百谷的话了。一年忙到头，也没个喘息的机会。

八章写当时一年一度的宴饮、祭祀活动。其准备工作从十二月的储冰保鲜做起，二月举行“早”祭，年终还有大的祭祀和宴饮活动，大家这时齐上公堂，去祝福贵族老爷“万寿无疆”。

关于此诗的作者，清人方玉润说：“《七月》一篇所言皆农桑稼穑之事，非躬亲陇亩久于其道者，不能言之亲切有味也如是。”（《诗经原始》）近人陆侃如说：“《七月》是描写农家生活的。我们知道周民族是务农的民族，豳又是他们的发祥地，故这些也带着农业的地方色彩。……我推测这位作者大约是西周中叶一个无名氏，他大约是一个受过文学训练的农家子。”（《中国诗史》）

《七月》就像奴隶主庄园一年的纪事长编，其间包括每月的虫鸟情况、草木荣实、作物的生长过程和奴隶的作息状况，“天时、人事、政令、教养之道，无所不赅”（《诗义会通》）。但最基本的事实是，自正月至十二月，根本没有安逸休闲之一日，劳动时间之长，劳动强度之大，几至无以复加。但奴隶一年到头辛勤劳动的成果大部分被奴隶主占有，奴隶主冬裘夏葛，好酒好肉；而奴隶们则采荼薪樗，不免乎啼饥号寒。阶级对比是非常鲜明的。诗人对稼穑农耕之事和奴隶生活的熟悉程度令人惊讶，全诗好像是一位老年奴隶对人拉家常，絮絮叨叨，巨细无遗，虽不著愤怒情绪，但事实摆得十分清楚，透露了奴隶们初步的觉醒。此外，此诗还反映了当时的生产斗争和科技水平，诸如天文、历法、物候、农艺、纺绩、酿造、保鲜等方面的内容，具有较高的认识价值。

《七月》在形式上是反反复复，逐月叙事，内容丰富，多姿多彩。“今玩其辞，有朴拙处，有疏落处，有风华处，有典核处，有萧散处，有精致处，有凄婉处，有山野处，有真诚处，有华贵处，有悠扬处，有庄重处。无体不备，有美必臻。晋唐后，陶谢王孟韦柳田家诸诗，从未见此境界”（方玉润《诗经原始》）。

在此诗中，诗人已留心景物描写与人物心情相配合的问题。诗中有一连串的物候描写以表现节令的交替，充满了自然风光和浓郁的乡土气息。第二章先描绘春日转暖、黄莺歌唱的令人愉快的情景，然后在这个背景上写女奴的伤心事，就有“以乐景写哀”的反衬作用。第五章借对虫、鸟动态的细致勾画，寥寥几笔，“无寒字，而寒气逼人”（姚际恒），从而烘托出奴隶的忧心，手法也是很高明的。

诗人还注意到正笔和闲文的配合运用。清人王闿运说：“‘女执懿筐，遵彼微行，爰求柔桑’，写桑径如画；‘载玄载黄，我朱孔阳，为公子裳’，寓颂祷于叙事，如天衣无缝；‘五月斯螽动股，六月莎鸡振羽’等句，叙事运典，只于闲文。”（《湘绮楼说诗》八）所谓正笔，是指诗中关于衣食劳作的叙说；所谓闲文，则是诗中那些关于物候变化的描写。正笔表现主旨，当然必不可少；而闲文在诗中，除了写景，还往往起到时间上的衔接作用，把各个活动空间连接起来，使人读全诗有如展阅风俗画长卷，百看而不厌。

全诗语译如下：

七月火星偏西方，九月本该发衣裳。冬月北风呼呼吼，腊月寒气透心凉。粗布衣服无一件，怎样过冬无主张。到了正月修农具，二月举脚下地忙。老婆孩子齐出

动，送饭田间助农忙，田官老爷喜洋洋。

七月火星偏西方，九月本该发衣裳。春日天气暖洋洋，又见黄莺枝头唱。采桑女奴提深筐，走在田间小路上，边走边采柔嫩桑。春天日子渐渐长，采蒿人儿忙又忙。女奴心中暗悲伤，生怕陪嫁到远方。

七月火星偏西方，八月割苇好收藏。三月动手修桑枝，手拿斧头干活忙，长条冗枝剪除光，拉着枝条采嫩桑。七月伯劳叫得欢，八月开始绩麻忙。染丝有黑也有黄，红色丝麻更漂亮，好为小姐做嫁妆。

四月远志把子结，五月知了树上唱。八月庄稼收上场，十月树叶快落光。冬月把那貉子打，挑出狐皮最漂亮，好给小姐做冬装。腊月大伙又聚齐，继续练武打猎忙。小个野兽归自己，大个野兽送公堂。

五月蚂蚱弹腿响，六月振翅纺织娘。七月蟋蟀野地叫，八月叫声到走廊，九月移进房门内，十月在我床下藏。填好墙洞熏老鼠，柴门涂泥封北窗。叫声老婆叫声儿，眼看就要过新年，赶紧搬进这间房。

野李葡萄六月尝，七月煮葵烧豆汤。八月要把枣儿打，十月便好收稻粮。收来稻粮酿春酒，祝福老爷寿数长。七月瓜儿来充饥，八月葫芦做主粮，九月麻籽拾掇光，掐些苦菜砍些柴，农夫活命靠它养。

九月筑好打谷场，十月谷物进了仓。小米高粱早晚稻，粟麻豆麦满满装。叹我农夫命好苦，地里庄稼刚收完，又要服役主子堂。白天上山割茅草，晚上搓得草绳长。匆匆忙忙修草房，明春播种又要忙。

腊月凿冰冲冲响，正月抬冰窖里藏。二月取冰祭祖宗，献上韭菜和羔羊。九月天高气又爽，十月扫清打谷场。高高捧上两壶酒，美美宰得大小羊。大伙齐上老爷堂，牛角杯儿举头上，祝福老爷万寿无疆！

三月三日

（晋）◎庾　阐

心结湘川渚，目散冲霄外。清泉吐翠流，渌醽漂素濑。悠想眄长川，轻澜渺如带。

庾阐（？—？），字仲初，东晋颍川鄢陵（今属河南）人。少时避乱江南。初任太宰掾，累迁尚书郎。晋成帝咸和二年（327），封吉阳县男，拜彭城内史。历官散骑侍郎领大著作、零陵太守、给事中、吴国内史。卒年五十四。

农历三月上旬第一个巳日为上巳节，是古代的一个重要节日。为了便于记忆，魏以后干脆就把它定在三月初三。在古代，这一天是个喜庆的日子，男女老少都要结伴出游，到水中洗去霉气，以求吉祥。这一节日，现在的汉族好像是忘记了，我们只能从傣族的泼水节和印度的恒河洗浴节去想象。总之，上巳节离不开水，切记切记。

不过，我们凭借古典诗词，还是可以找回当年的记忆。庾阐是晋代人，大概离我们有一千七百年了。他是当时上巳节的参与者，留下一首《三月三日》，至今读来仍感亲切。

诗的开头便说他于某年上巳节到湘江上游玩。“结”是被吸引，“散”是自由眺望，一结一散，透露出游人在这一天是如何惬意了。农历的三月即阳历的四月，天气和畅，草木扶疏，能到大自然的怀抱中去放浪形骸，的确有说不出的快乐。不过，庾阐是一个诗人，他的玩法与老百姓很有些不同（要是相同那该多好）。他不写平民如何到水里去“格支格支”地洗澡，而是写文人雅士是如何饮酒做诗。也好，就看看当时文人雅士的玩法吧。第三、四句便说他们那一天玩的是“曲水流觞”的游戏，这当然很高雅，但参加者必须都是诗人，放在今天，就有点“妈妈的”了。且看下去：他们的曲水（即故意挖得弯弯曲曲的沟渠）是清清的，因为它刚从泉眼里冒出来；水里漂来了酒杯，酒杯停在哪个人面前就该哪个人做诗一首。你说这难也不难？唉，就别为古人担忧了，那时会做诗就相当于取得了高级门票，做不出诗来就别想挤进上流社会。请注意“渌醽”指的是米酒，干脆说就是醪糟。清贫人家，连糟子一并吃了，这叫做“浊酒”。庾阐属于上流社会，喝酒就有讲究，须得把糟子滤去再喝，这叫做“清酒”。因为酒清，所以写做“渌醽”。现在再回到游戏上来。酒杯漂到你面前了，如果你做出一首合格的诗，就可以让酒杯再漂下去；如果做不出诗来，那就要罚你把这杯酒喝了。

晋人喜欢谈玄，琐屑小事也要思宇宙之无穷，叹人生之短促，令人头痛。庾阐也喜欢谈玄，还好，他在这首诗中刚露苗头便打住了。诗的最后，他说想上天去俯瞰大地，看看这条大河是如何消失在天边的。隽永！到此作结最好。唉，那个时候还没有热气球，如果换在当代，他这个愿望是不难实现的。

好了，“三月三”已经足够令人神往了。最好是恢复这一节日，和五一长假合并在一起玩，“渌醽”可以用花雕之类代替，做诗可以降格为顺口溜。当然，恢复之前，读一读庾阐的诗也是不错的。过屠门而大嚼，虽不得肉，亦差可解馋耳。

九日闲居并序

（晋）◎ 陶渊明

陶渊明（365—427），一名潜，字元亮，晋宋间浔阳柴桑（今江西九江西南）人。东晋名臣陶侃曾孙，一生三仕三隐，于彭泽令任内弃官归里，隐居田园，遂不复仕。于宋文帝时卒，友人私谥曰靖节先生。有《陶渊明集》。

余闲居，爱重九之名。秋菊盈园，而持醪靡由，空服九华，寄怀于言。

世短意常多，斯人乐久生。日月依辰至，举俗爱其名。露凄暄风息，气澈天象明。往燕无遗影，来雁有余声。酒能祛百虑，菊解制颓龄。如何蓬庐士，空视时运倾！尘爵耻虚罍，寒华徒自荣。敛襟独闲谣，缅焉起深情。栖迟固多娱，淹留岂无成。

农历九月初九为重阳节。按我国古代以九为阳数，九月九日是阳月阳日，故名“重阳”。相传东汉时汝南人桓影闻之费长房，谓九月九日汝南将有灾难，叫家人缝制小袋，内装茱萸，缚在臂上，登上高山，饮菊花酒，借以避难。从此，民间就有于是日做茱萸袋、饮菊花酒、举行庙会、登高等风俗。重阳作为诗题，一般省称“九日”。选陶渊明这首诗来讲，是因为他既嗜酒又爱菊，对重阳节的理解，应该比常人更深。

先看小序。小序说陶渊明从来喜欢过重阳节，菊花他不稀罕，满院子都是，酒呢，有点问题。原来陶渊明嗜酒如命，他准备在田里全栽糯稻，好拿去酿酒，可是太太不干，因为这样一来，老婆孩子就没饭吃了。于是，陶渊明只好拿一半栽糯稻，拿一半栽籼稻。按理说田里一半的稻子都酿成了酒，够他喝了吧？然而不。陶渊明实在是太爱喝酒了，酒量也实在是太大了，即使如此还是不够他喝。平日里，也有些好心人给他送酒，这在陶诗中屡有反映。可是这一年的重阳节，偏偏没人送酒（“持醪靡由”）。他闷闷不乐，只好煮一锅菊花吃了（“空服九华”），再发一通牢骚。原来是这么回事。这老头也怪可怜的！

现在来看诗的正文。开头四句说，人们（“斯人”）本来知道难以活到一百岁，但还是喜欢过重阳节，因为他们总希望餐菊饮酒之后，能活得长久点。接下去四句说这一年的重阳节天高气爽，正是登高的好时候。再往下就得仔细点读了。陶渊明心里明白，酒是个好东西，它可以消除各种忧虑；菊花也是个好东西，它可以防止衰老。可是茅草房里的这个老顽童，运气竟这样坏，这两样好东西就是配不上对！再读下去，陶渊明就更伤感了。他回头看看酒杯，已布满灰尘；再看看酒坛，空空如也。只有在寒风中挺立的菊花（“寒华”），还兀自开放着。唉，这还算是过重阳节吗？他只好扯扯衣襟，算是打扮整齐了；闲吟几句，算是说出了心里话。唉，当个隐士当然自在，但当个隐士难道就是为了一事无成吗？

这首诗的价值，就在于让我们认识了古代的一位真隐士，也认识了重阳节在古人心目中的地位。古代的隐士多如牛毛，但大多属于假冒，只有陶渊明是真的（有兴趣可以去翻翻鲁迅的《魏晋风度及文章与药及酒之关系》）。陶渊明挂冠归隐，是为了逃避浑浊的官场，这是第一次解脱（第二次解脱是人生实难、死如之何。不说了吧）。归隐后他亲自参加劳动，灾年饿过肚，还向邻居讨过米，深知世事艰难。如果还有酒喝，他也能坚持下去，可是偏偏缺酒，何况又是重阳节呢，他简直受不了。这才是一个真隐士。如果清高到梅妻鹤子、不食人间烟火，那么酸腐味也就冒出来了。陶渊明绝不酸腐，他重气节而不故作清高，他有脾气而仍然可爱。你看他虽爱菊花，但也可以把它煮来吃了。他也有七情六欲，深为没有过好重阳节而懊恼。我们读完此诗，十分同情他，恨不得通过时空隧道给他送一箱二锅头去。好了，不要再伤感了，重阳节到来时，你一定要多喝几杯，来一盘凉拌菊花（可惜不知做法），为了陶渊明，也为了你自己。

七夕穿针

（梁）◎ 柳　恽

代马秋不归，缁纨无复绪。迎寒理衣缝，映月抽纤缕。的皪愁睇光，连娟思眉聚。清露下罗衣，秋风吹玉柱。流阴稍已多，余光亦难取。

柳恽（465—517），字文畅，梁河东解（今属山西）人。南齐时为竟陵王萧子良行参，累迁太子洗马，试守鄱阳，还任骠骑从事中郎。后投萧衍，梁立，历官长史兼侍中、吴兴太守，因病去官卒。

农历七月初七之夜称“七夕”。汉时民间传说，牛郎织女此夜在天河鹊桥相会，后有妇女于此夜向织女星穿针乞巧等风俗。所谓乞巧，即在月光下对着织女星穿针。因为织女是出了名的织锦好手，据说这天晚上谁能在月光下把彩线穿过针孔，她就可以从织女那里获得灵巧——这就变成了民间的“乞巧节”，当然是属于妇女的节日。古代描写七夕的诗篇很多，也有写得好的。选柳恽这篇来讲，是因为诗中有扎实的社会内容，非徒游戏之作。

这首诗以一个“军嫂”口气出之，缠绵悱恻，细腻生动。秋天到了，我那当兵的丈夫还没有骑着马从代北回来，我翻出了各种布料，却一点也高兴不起来。代北在今河北怀安至山西阳高一带，在当时人们心中这已经是很遥远了。接下去：我在秋天的寒气里给他缝衣裳，对着月光穿好了线。看，这已不是当姑娘时候的情景，不可能再嘻嘻哈哈，比赛谁的眼尖、谁的手巧，而是熟练地拾起针线活，忙着给丈夫做寒衣，所以说有它扎实的社会内容。接下去：月光下军嫂的眼睛闪闪发光（“的皪”），但充满愁意，她那纤细的弯眉（“连娟”）也皱了起来。这两句是客观描写。诗人忍不住要来插嘴，是因为他实在是太怜惜这位军嫂了。接下去：不知不觉，露水也滴下来了，落在我的裙子上，秋风吹在我的琴弦上，才记起好久没有弹它了。这又回到军嫂的口气了。这两句写愁，不露声色，所谓“不著一字，尽得风流”，确为佳句。最后：想不到美好的七夕就这么过去了（注意“稍”的意思是渐渐），想要留住一片月光也是不可能了。军嫂的无限惋惜之情，在此表现得淋漓尽致。

这首诗充满着淡淡的哀怨，颇能打动读者。七夕是一个美好的夜晚，理应是夫妻团圆的日子，然而却不能。这位军嫂满腹愁肠，在月光下给丈夫做寒衣，她用这种方式来度过良宵，有几分无奈，也有几分憧憬。我们平常说遗憾也是一种美，于此可以得到印证。读完这首诗再读那些太幸福的七夕诗，反而觉得无味了。不过诗归诗，生活归生活，我还是希望每年七夕，普天下的夫妻都能团聚，共度良宵。

春赋

（北周）◎庚　信

庚信（513—581），字子山，北周南阳新野（今河南新野）人。庚肩吾子。梁时任湘东王萧绎（即梁元帝）国常侍、安南参军，迁尚书度支郎中、通直正员郎，出为郢州别驾。出使东魏还朝，任东宫学士，领建康令。侯景攻建康，兵败，出奔江陵。萧绎称帝，任右卫将军，封武康县侯，加散骑常侍，出使西魏。值西魏攻陷江陵，杀梁元帝，因羁留长安，被迫历仕西魏、北周。北周时曾迁骠骑大将军、开府仪同三司、司宪中大夫，进封义城县侯。北周末因病去职，卒于隋初。有明辑本《庚开府集》。

宜春苑中春已归，披香殿里作春衣。新年鸟声千种啭，二月杨花满路飞。河阳一县并是花，金谷从来满园树。一丛香草足碍人，数尺游丝即横路。开上林而竞入，拥河桥而争渡。

出丽华之金屋，下飞燕之兰宫。钗朵多而讶重，髻鬟高而畏风。眉将柳而争绿，面共桃而竞红。影来池里，花落衫中。

苔始绿而藏鱼，麦才青而覆雉。吹箫弄玉之台，鸣佩凌波之水。移戚里而家富，入新丰而酒美。石榴聊泛，蒲桃酦醅（pō pēi）。芙蓉玉碗，莲子金杯。新芽竹笋，细核杨梅。绿珠捧琴至，文君送酒来。

玉管初调，鸣弦暂抚，阳春渌水之曲，对凤回鸾之舞。更炙笙簧，还移筝柱。月入歌扇，花承节鼓。协律都尉，射雉中郎，停车小苑，连骑长杨。金鞍始被，柘弓新张。拂尘看马埒（liè），分朋入射堂。马是天池之龙种，带乃荆山之玉梁。艳锦安天鹿，新绫织凤凰。

三日曲水向河津，日晚河边多解神。树下流杯客，沙头渡水人。镂薄窄衫袖，穿珠帖领巾。百丈山头日欲斜，三晡未醉莫还家。池中水影悬胜镜，屋里衣香不如花。

篇名“春赋”，实是一篇“游春赋”，游春的主体乃贵人。赋中交织着青春气息和贵族气息，或谓此乃作者早年的得意之作，当无问题。

开篇即用恣肆的笔墨展示春之魅力。“宜春苑”、“披香殿”、“丽华之金屋”、“飞燕之兰宫”等秦汉宫室的名称，和鸟声、杨花、香草、游丝等意象排列，突现的是帝京的豪华，妆点的是春色的繁富。还用了河阳一县花，潘岳的典故；金谷满园树，石崇的典故。可以说，唐人卢照邻《长安古意》的开篇，即从此中获得不少灵感。赏月固宜人少，踏春不怕人多。正因为春之特征是浓郁、繁富、璀璨，所以无怪乎上层社会的男男女女，倾巢出动，迫不及待地“开上林而竞入，拥河桥而争渡”。

青春的靓女永远处于游人视野的中心，她们是青春世界的灵魂。赋中因此给她们以中心的位置。围绕着她们的，还有同样妩媚的歌儿侍女（“绿珠”代歌女，“文君”代卖酒女郎）、春风得意的倜傥名流（“协律都尉”指汉代李延年，“射雉中郎”指晋代潘岳，潘曾任虎贲中郎，作《射雉赋》），或歌舞、或酣饮、或射猎、或游戏。作者通过视觉、听觉、味觉等不同感觉，写出春天作用于人的心理、生理而产生的影响。

末段写上巳曲水流觞的风俗，是春游的尾声：人们在河边引水环曲为渠，顺流放杯行酒，祓除不祥。时近黄昏（“三晡”），一些人已上渡船，过河回家，可见春游的高潮已过，热闹将迅速趋于宁静。一些人还怅怅恋恋，乐不思归。你看那些春服轻薄的靓女们在缓缓归去时，还不禁回眸将目光投向池水与花树，一时放心难收。

结尾“池中水影悬胜镜，屋里衣香不如花”，与前文“影来池里，花落衫中”相关合，是神来之笔。它间接涉及到一个大的话题，即人对生存空间的需求问题。作者将封闭式人居与开放式自然作了一个细节上的对比：室内妆镜照影固然清楚，哪及室外池水照影那样动荡摇曳，不可思议（“悬胜镜”乃“胜悬镜”的倒装）；室内衣香薰制而成，哪及室外春花散发的天然芬芳，令人陶醉。字里行间，流露了常在深闺中人对于开放空间的渴求。而产生这种渴求，又是完全因为春之诱惑！

结尾和开篇一样，均用七言韵语，使得此赋于音情、画意外，富有更多的诗味。

薛道衡(540—609)，字玄卿，隋河东汾阴(今山西万荣)人。历仕北齐、北周，入隋坐事除名，复起为内史舍人兼散骑常侍，曾从军伐陈。还任吏部侍郎，坐事发配岭南。又征还，授内史侍郎，加上仪同三司，出为检校襄州总管。隋炀帝时转番州刺史，还任司隶大夫，为炀帝所杀。有明辑本《薛司隶集》。

人日思归

(隋)◎薛道衡

入春才七日，离家已二年。人归落雁后，思发在花前。

农历正月初七为人日。据《初学记》四《荆楚岁时记》载，晋南北朝时民俗已将从春节开始的七日与人畜作对应，《北齐书·魏收传》载："魏帝宴百僚，问何故名人日，皆莫能知。收对曰：'晋议郎董勋《答问礼俗》云：正月一日为鸡，二日为狗，三日为猪，四日为羊，五日为牛，六日为马，七日为人。'"

薛道衡是北朝入隋的诗人，在周、隋颇有才名。作者去年由北来南，按天数算，实际不满一年。但他在江南过了年，也就有了两个年头。"每逢佳节倍思亲"(王维)，善感的诗人已很想家。《人日思归》就是在这种情况下写作的。

"入春方七日，离家已二年"二句之妙，在"方七日"与"已二年"的矛盾统一。"方七日"即才七日，意味时间的短；"已二年"则意味时间的长。"入春方七日"乃眼前日历所示，事实上作者离家不算久；而"离家已二年"是掐指一算，已有两个年头，反映在当事人心理上，又觉得这时间并不短。"方七日——已二年"，以"方"、"已"两个含意不同的时间副词作勾勒，大有逝者如斯，时不我待之感。所谓"不算不知道，一算吓一跳"。革命烈士在铁窗中作联语云"洞中方七日，世上已千年"，也用这两个相对的时间副词作骈偶，与此异曲同工。两句对"思归"之情，有兴发引起的作用。

"人归落雁后，思发在花前"二句以春雁北归反衬己之未归，以花发之迟反衬归心之急，皆妙在不直说。赋中有兴比，叙写中有对照，故婉曲有味，同时以"雁"、"花"切"人日"情景，亦佳。盖时当初春，南雁北飞，而花始含蕊，一时之物候如此，情中有景。另一巧思，则是将"思"、"归"二字拆用在两句中，与题面遥遥映带，颇有情致。全诗四句皆骈，均用流水对，故不觉骈骊，而有行云流水之妙。

归思是一种普遍心理，但作者抓住新春这一特定时节和特定环境中的细微思想活动来写，就不落窠臼，历久弥新。唐人张说《蜀道后期》诗云："客心争日月，来往预期程。秋风不相待，先到洛阳城。"沈德潜评曰："以秋风先到形出己之后期，巧心浚发。"(《唐诗别裁》)张说所用，不就是"人归落雁后"这一现成构思吗?

薛道衡为诗常具巧思。据说《昔昔盐》"暗牖悬珠网，空梁落燕泥"二句，到他死时还让隋炀帝妒嫉。《人日思归》是其聘陈时在江南所作之诗，已俨然唐人绝句风味。

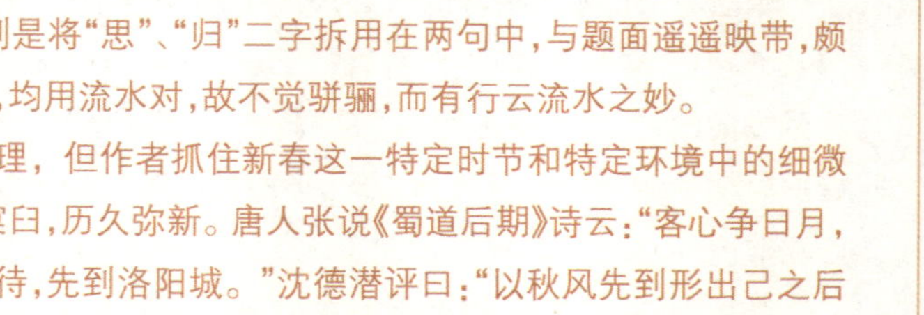

秋日还京陕西十里作

（唐）◎薛　稷

驱车越陕郊，北顾临大河。隔河望乡邑，秋风水增波。西登咸阳途，日暮忧思多。傅岩既纡郁，首山亦嵯峨。操作无昔老，采薇有遗歌。客游节回换，人生知几何？

薛稷（549—713），字嗣通，蒲州汾阴人，举进士，累迁至礼部郎中、中书舍人。景龙末为昭文馆学士。睿宗立，累拜中书侍郎，参知机务。历工部、礼部尚书、太子少保。有文集三十卷。

杜甫在《观薛稷少保书画壁》一诗中称赞说："少保有古风，得之《陕郊篇》。"给《陕郊篇》以很高的评价。《陕郊篇》就是指这首《秋日还京陕西十里作》。"京"即长安，诗中以咸阳代指。"陕西十里"，即河南陕县以西十里的长亭。古代五里一短亭，十里一长亭，供行役者途中暂息。这首诗，就是薛稷从陕县西归京城长安时，途中所作。清代沈德潜也给以很高评价，说这首诗："高浑超逸，火色俱融。少陵云：'少保有古风，得之《陕郊篇》。'见重于哲匠，不偶然也。"

那么，这首诗具体好在哪里呢？让我们先来作一番认真的玩味。

一开始，诗歌表现的是一种对故乡的深深眷念之情。首句"驱车越陕郊"，"驱"、"越"两个动词的连用，开篇就给人一种马不停蹄、车轮滚滚、行色匆匆之感，为王命奔波的辛苦和自己的飘忽无定，全都隐含在字句之中，为引逗下文，不露声色地作了巧妙的伏笔。陕县在黄河南岸，作者回长安正是傍河而行，他在车中望见了一河之隔的北岸故乡——山西蒲州。一个"望"字，活画出作者引颈翘首，深情注目故土的情景，生发出无穷的乡思。然而，故乡何在？那宽阔无垠的大河上，秋风凄紧，正卷起浩渺无际的滚滚波涛，一片苍茫迷濛，只听得浩荡的水声。此时此刻，自己既不能回归故里，连望中的故乡也只有一些依稀的影子，一种强烈的思乡之念使胸中不禁涌动着难以平息的心潮。开始四句起得极为自然，语言不事雕琢，但境界却十分阔大，一己的思乡之情在这种阔大的境界中，被表现得格外广远无际和沉郁苍凉。

由于望家乡而不见，一片乡思萦绕不去，行行重行行，日暮之时，作者想到了家乡蒲州的两座名山，并因山及人。一是傅岩，又叫傅险，在蒲州平陆东，相传为商朝奴隶傅说从事版筑(即筑土墙)之处，后来傅说被商王武丁任为大臣，国政得到了很好的治理。然而，如今那曲折幽深的傅岩山上，已经再也没有傅说那样的人了。二是首阳山，又叫雷首山，在蒲州永济南。据《史记·伯夷列传》记载：周初殷朝遗民伯夷、叔齐两兄弟义不食周粟，采薇首阳山，作《采薇歌》，最后终于饿死首阳山。然而，如今那巍峨险峻的首阳山上，再没有伯夷、叔齐这样的人了，只徒然留下了这首《采薇歌》。这些，当然是从对家乡的怀念中产生的对古人的追念，表现出作者仰慕贤士高人的胸怀，但同时也流露出对当今政治的隐忧，盼望有高尚的、具有非凡才干的人出来治理国家，使天下得到安定。这里面，包含着诗人十分深沉的感慨和忧虑。

最后，作者又从思乡之念中，想到自己已经多年客游在外，时序像轮回般不断地更换，一生还能有多长的时间呢?作者把思乡之情，扩展到对人生无常的感叹，表现了更为深长、悲凉的意味，使得全诗到此充满了一种令人荡气回肠的思想感情。

我们在认真玩味这首诗时，不知不觉已经被它那深厚的激情所感染。全诗在自然质朴的语言中，深深地蕴含着对故土的思念、对政治的隐忧和对人生短暂的感喟，在沉郁哀伤的音调中，透露出一种俊爽刚健的风格特征，这正是杜甫所称道的古风，亦即建安风骨的体现，也正是沈德潜所说的“高浑超逸”之处。在那从容的外表下，感情的激昂慷慨，深深地拨动着读者的心弦，产生出强烈的感染力。

正月十五日夜

（唐）◎ 苏味道

苏味道（648—705），赵州栾城（今属河北）人，年二十登进士第，累转咸阳尉。裴行俭征突厥，奏为掌书记。后历官集州刺史、天官侍郎。曾两度为相。中宗神龙初因媚附张易之兄弟贬死任所。与李峤等并称“文章四友”。

火树银花合，星桥铁锁开。暗尘随马去，明月逐人来。游伎皆秾李，行歌尽落梅。金吾不禁夜，玉漏莫相催。

农历正月十五又称“上元”，其夜称“元夜”、“元夕”或“元宵”。在所有传统节日中，最令人心动的大概就是元宵了。元宵节最吸引人的地方就是灯，灯给人们带来光明，也带来希望，人见人爱，所以无论男女老幼，都要欢庆这个节日。

写元夕的名篇实在是太多了，何以选到苏味道名下？不光是因为他写得好，还因为他写得早。苏味道一生无政绩可言，只因善于在武则天面前唯唯诺诺，竟也爬上宰相的宝座。然而鬼使神差，表现大唐鼎盛气象的任务偏偏要由这样的人来完成，真是匪夷所思了。

“火树银花合”，起句便好。怎样表现元宵节鳌山灯海的壮观场面？你就是用一万句也赶不上“火树银花”四字精彩。请想一想，这天夜里，树上、道上、楼台上，到处都挂满了灯，明亮如昼，这多么使人激动！“合”就是连成一片，整个长安城变成灯的海洋，用字倒也精炼。由于元宵节是最盛大的节日，所以皇帝索性取消宵禁，要在这一夜“与民同乐”了。第二句“星桥铁锁开”便是说的这种情况：当晚城门大开，允许市民通宵进出。

中二联便极力表现元宵节的热闹。你看达官贵人带着宝眷，坐着马车前来观灯，扬起一阵又一阵尘土。明月当头，好像在跟着人们行走嬉戏。妓女们打扮得艳如桃李，纷纷赶来兜售生意。到处笙歌起伏，悦耳动听。噫，这厮的眼睛怎么偏偏盯上妓女了？且慢。唐朝的妓女大多是歌妓，红得发紫，跟当今的红歌星差不多，如何不受欢迎？举例来说，唐玄宗时有个红歌星叫念奴，她唱歌时竟赢得唐玄宗

亲自伴奏，请想一想这是什么身价！词谱中有个调子叫做“念奴娇”，便是从这个故事来的，不知为什么被一个编剧拉扯去做了汉武帝时代的女侠。唉，现在还讲不讲规矩！够了，够了！车马、歌妓、鼓乐，这些典型场面交织在一起，已把盛唐繁华、欢乐、太平、欣欣向荣的景象充分表现出来了。

诗的结尾说御林军（即“金吾”，全称为执金吾）这一天不实行宵禁，人们完全可以通宵狂欢，只恨光阴难驻，随着玉漏（古时计时器）的滴水声一点点消逝了。这两句赶不上前六句精彩，但大体还是相称的。

这首诗秉承初唐余绪，八句皆对，却不使人感到板滞，技巧是很高的。仔细一看，不仅“银”对“铁”、“合”对“开”、“明”对“暗”十分精当，而且还给人意想不到的惊喜，如取歌曲名“梅花落”的“梅”字来对“秾李”的“李”；“金吾”是御林军，“玉漏”是计时器，本来已是固定词汇了，也扯开对上了“金”、“玉”二字，精细至此。如果说写律诗是戴着脚镣跳舞的话，那么这首律诗的确是戴着脚镣而且跳得很好看。

前人对这首诗的评价很高，有人甚至把它推崇为写元夕的五律第一名。我不喜欢在文学作品中定名次。好作品各有各的好法，正如西施、昭君、貂蝉、贵妃各有各的美法一样，强定甲乙，便是冬烘。我觉得这首诗最值得注意的，是在无意中宣告了一个太平盛世的到来，它和李商隐“夕阳无限好，只是近黄昏”那首绝句在无意中宣告这个强大王朝不可避免地走向衰落一样，似乎都有一种神秘的力量在支配。为什么会这样，只有天知道。

和晋陵陆丞早春游望

（唐）◎ 杜审言

独有宦游人，偏惊物候新。云霞出海曙，梅柳渡江春。淑气催黄鸟，晴光转绿蘋。忽闻歌古调，归思欲沾巾。

杜审言（645—708），字必简，祖籍襄阳（今属湖北），父迁居洛州巩县（今河南巩县）。高宗咸亨元年（670）登进士第，其后任隰城尉，累转洛阳丞。武后圣历元年（698），坐事贬吉州司户参军。旋授著作佐郎，迁膳部员外郎。神龙元年（705）因谄附张易之兄弟流放峰州，不久召还，授国子监主簿，加修文馆直学士。有宋本《杜审言集》。

以诗唱和，乃是六朝以来文人作诗的一种习惯。这首诗就是作者在读到晋陵（今江苏常州）县丞陆某写的《早春游望》，而相赓和的诗。作者大约在武则天永昌元年（689）前后任职江阴，陆丞乃其同郡邻县的僚友，原唱已佚。

“早春游望”关键词在“早春”。因为是早春，关于物候的细微变化，只有特别敏感的人才能够察觉到。诗人说独有离乡宦游者最容易接收新春信息，而且为之惊心动魄。这样的开篇即有创意，可圈可点。

紧接着写“物候”如何之“新”，可谓佳句迭出。在曙光出现于东方之前，即有朝霞满天的景象，故云“云霞出海曙”，暗示一个“早”字。梅残柳细，乃早春相互接替的两种物候。气候是由江南向江北逐渐转暖，物候的变化也是由江南往江北发生，故云“梅柳渡江春”，明点一个“春”字。诗人不但写出了春天美妙的景色，而且使人听到了春天的脚步声。字词的倒腾非常灵活，诗句的含蕴非常丰富，不愧为唐诗之名句。

春天风和日丽（“淑气”，“晴光”），给大地带来生机。天气逐渐转暖，使得黄莺的叫声一天比一天多，一天比一天悦耳；阳光照在池面，使得蘋草一天比一天绿，一天比一天悦目。四句中，用了“出”、“渡”、“催”、“转”四个动词，对景物作动态描绘，较之静态的写景生动得多。对景物作动态描写的成功，是本篇在艺术上最为独到之处。

诗的最后两句说：就在这样的时候，忽然听到有人唱起陆丞《早春游望》一诗，叫人怀念故乡洛阳，以至归思难收，差点掏手绢擦眼泪。这就缴足题意——“古调”是对陆丞《早春游望》一诗的美称，意谓其能比美古人。

春日京中有怀

（唐）◎ 杜审言

今年游寓独游秦，愁思看春不当春。上林苑里花徒发，细柳营前叶漫新。公子南桥应尽兴，将军西第几留宾。寄语洛城风日道，明年春色倍还人。

此诗写春日在长安怀念洛阳，内容与前诗相近。

盖武则天执政时，除大足元年（701）十月至长安，三年（703）九月一度还京外，长期居住东都洛阳。杜审言一生也基本上在东都供职，其生地巩县亦在洛阳附近，故对其有深厚的故土之恋。此诗当是公元 702 年或 703 年春天扈从武则天去长安期间所作。

诗的前四句写此次寓居长安（古属秦地）之无聊，乃至时逢春至也没有好心情。盖审言仕途并不平坦，长期任职卑微，所谓“载笔下寮，三十余载”，即在内任职，其位也远在“文章四友”中其他三人之下。这次扈从长安，也是跑跑龙套，京中又没有亲朋好友，不免有些寂寞。所以诗劈头便说“今年游寓独游秦”，很不是个滋味，于“独”字见意。春来景物鲜奇，长安尤称富丽，正该是“春城无处不飞花”的时节。可在兴致不佳之际，戴上“愁思”的有色眼镜，就全然不是那么回事。“看春不当春”五字，语拙而意妙，既是以我观物的主观感觉，又表现出一种怨艾和无可奈何的情态。以诗人惯用的语言来说，便是“造化小儿”故意相苦，使我损失了一个难得的春天，岂不可恶！

三、四句紧承此意，不别换笔，只一直写："花亦不当花，柳亦不当柳。"(《金圣叹批唐诗》)"上林苑"本汉代宫苑名，这里用指唐时长安宫苑。诗人随驾，故能见宫苑花发。"细柳营"为汉将军周亚夫屯军之地，在渭水北岸。春来杨柳新绿，在长安远眺可尽收眼底。宫花岸柳，本是赏心悦目的春色，但愁思之际，反觉恼人。"徒"、"漫"二字，十分准确地传达出这种百无聊赖的沮丧之感，这和一般所谓的"伤春"不同，没有那样悲痛，却更让人气闷，更让人惆怅莫名。

后四句一转，写怀念洛城风日，引出无限归思和遐想。佳节思亲是客居中的常情，在极度无绪之中，诗人闭上了眼睛，仿佛回到了洛阳，目睹那里的故人尽兴游春的情景："公子南桥应尽兴，将军西第几留宾。"这"应"与"几"，都表着悬揣的语气。"南桥"指洛水上的天津桥风景点，"西第"借汉代为大将军的梁冀所起第宅(马融有《大将军西第赋》)，指洛城豪华的楼堂馆所。这两个具有地方色彩的辞藻，可以引起多少遐想！而句中又暗用《史记·游侠列传》中典故，即汉代陈遵豪爽好客，每逢大醉，必强行扣留客人车辖，使其不能中途退席。所以"留宾"一词，也有"尽兴"的意味。诗人想象中的洛城故人游春宴乐越是热烈快活，越是尽兴，就越反衬出他本人独游于秦的乏味。同时也暗示南桥西第今春"少一人"的遗憾，表现出一种艳羡得近乎妒嫉的情绪。所以金圣叹一针见血地评道："南桥公子，今虽尽兴，西第将军，已自留宾。然我今不与，便都不算。一齐寄语，都要重还。"可见主观情绪的强烈，是此诗一个显著的特点。

不过最后两句，诗人并不是直接寄语"公子"，寄语"将军"，而是"寄语洛城风日"。直接和大自然对话，便把自然人格化了，而且充满诗味，表现出诗人对洛城春色爱恋之深。爱之深而盼之切，故作嗔怪语、无赖语："寄语洛城风日道，明年春色倍还人。"真是异想天开，向大自然要求赔偿损失。即：今年欠我的春天，到明年定要加倍还我！结尾两句，既乐观天真，又幽默风趣，居然将先前的愁云，一扫而光。毛泽东咏道："牢骚太盛防肠断，风物长宜放眼量。"本诗篇末结句之妙，正在于它的高瞻远瞩，放眼未来，使意境得到升华，使读者为之感奋。胡应麟标为七律结句范例，诚非虚誉。

七律的形成，较五律为晚。初唐四杰及陈子昂，皆有成熟的五律佳构，然于七律似无所解。故胡应麟说："唐七言律自杜审言、沈佺期开创工密。"(《诗薮》)如本篇八句紧紧围绕一个春天的心理上的得失交战来写。从今年失一春，写到明年倍还春，如空际行云，大河流水，一气呵成，而有顿挫抑扬之妙。检讨少陵诗律，可悟渊源所自，难怪他道"诗是吾家事"、"吾祖诗冠古"，话虽过情，但也有根据，非一味浮夸。

春江花月夜

张若虚（660?—720?），扬州（今属江苏）人。曾任兖州兵曹。中宗神龙中与贺知章、万齐融、邢巨、包融等以“文词俊秀”而显名长安，又与贺知章、包融、张旭并称“吴中四士”。《全唐诗》存诗2首。

（唐）◎ 张若虚

春江潮水连海平，海上明月共潮生。滟滟随波千万里，何处春江无月明。江流宛转绕芳甸，月照花林皆似霰。空里流霜不觉飞，汀上白沙看不见。江天一色无纤尘，皎皎空中孤月轮。江畔何人初见月，江月何年初照人？人生代代无穷已，江月年年只相似。不知江月待何人，但见长江送流水。

白云一片去悠悠，青枫浦上不胜愁，谁家今夜扁舟子？何处相思明月楼？可怜楼上月徘徊，应照离人妆镜台。玉户帘中卷不去，捣衣砧上拂还来。此时相望不相闻，愿逐月华流照君。鸿雁长飞光不度，鱼龙潜跃水成文。昨夜闲潭梦落花，可怜春半不还家。江水流春去欲尽，江潭落月复西斜。斜月沉沉藏海雾，碣石潇湘无限路。不知乘月几人归，落月摇情满江树。

《春江花月夜》本乐府《清商曲辞·吴声歌曲》旧题，最早见于陈朝。陈叔宝（陈后主）与宫中女学士及朝臣相和为诗，《春江花月夜》与《玉树后庭花》是其中最艳丽的曲调（《旧唐书·音乐志》）。隋及唐初犹有作者，然皆五言短篇，在题面上做文章而已。吴中诗人张若虚出，始扩为七言长歌，且将自然景物、现实人生与梦幻融冶一炉，诗情哲理高度结合，使此艳曲发生质变，成就了唐诗最早的典范之作，厥

功甚伟。

《春江花月夜》属于“四杰体”，是卢、骆歌行的发展，故亦曾随四杰的命运升沉，从唐到元被冷落了好几百年，直到明前七子领袖之一的何景明重新推尊四杰后，它才被发现，被重视，被推崇至“孤篇横绝竟为大家”的高度。“大家”，在古代文学批评术语中超过“名家”一等，指既有杰出成就又有深远影响的作家。四杰就不曾得到过这样的荣誉。《红楼梦》中林黛玉《代别离》一诗，就“拟《春江花月夜》之格，乃名其诗曰《秋窗风雨夕》”，也可见它所具的艺术魅力。

春、江、花、月、夜这五个字，本身就足以唤起柔情绮思。可同样是这五个字，在陈后主笔下只能是俗艳浅薄的吟风弄月——其辞虽与时消没，但从《玉树后庭花》辞可得仿佛：“丽宇芳林对高阁，新妆艳质本倾城。映户凝娇乍不进，出帷含态笑相迎。妖姬脸似花含露，玉树流光照后庭。”然而在张若虚笔下则完全不同。其根本的差异就在于诗是沉湎于肤浅的感官刺激与享乐，还是追求深刻的人生体验之发抒。大诗人与大哲人乃受着同一种驱迫，追寻着同一个谜底，而且往往一身而二任焉。屈原、李白、苏轼，但丁、莎士比亚、歌德、泰戈尔，他们的诗篇里，回荡着千古不衰的哲学喟叹。张若虚《春江花月夜》也属于这个行列。它与其说是一支如梦似幻的夜曲，毋宁说是一支缠绵深邃的人生咏叹曲。

从诗的结构上说，《春江花月夜》不是单纯的一部曲，而是有变奏的两部曲。在诗的前半，诗人站在哲学的高度上，沉思着困扰一代又一代人的根本问题，即本体和生死的问题，即电视剧《西游记》插曲所唱“人生总有限，功业总无涯”那个问题。与众不同的是，张若虚将这一沉思放到宇宙茫茫的寥廓背景之上，放到春

江花月夜的无限迷人的景色之中，使这一问题的提出，更来得气势恢宏，更令人困惑，也更令人神往。

张若虚并没有采用石破天惊的提问式开篇，如“遂古之初，谁传道之”（屈原）、“青天有月来几时，我今停杯一问之”（李白）、“明月几时有，把酒问青天”（苏轼），而是从春江花月夜的绮丽壮阔景色道起，令人沉醉，令人迷幻。这似乎是一个优美的序曲。隋炀帝已经写过：“暮江平不动，春花满正开。流波将月去，潮水带星来。”“春江潮水连海平”似乎就是从这里开始。潮汐，本是日月与地球运行中相对位置变化造成引力变化导致的海水水位周期性涨落现象，吴人张若虚是熟悉这种景象的。月圆之夜，潮水特大。大江东流而海若西来，水位上涨，遂成奇观。这里写春江潮水而包入“海”字，使诗篇一开始就比隋炀帝诗气势更大。本来是潮应月生，看起来却是月乘潮起；不说“海上明月共潮升”而说“海上明月共潮生”，一字之别，意味顿殊，使习见景色渗入诗人主观想象，仿佛月与潮都具有了生命。

“滟滟”是江水充溢动荡的样子。月光普照与水流无关，诗人的主观感受却是月光“随波千万里”，水到哪里月到哪里，一忽儿整个春江都洒满月的光辉。“千万里”、“何处无”，极言水势浩远，月色无边。由一处联想到处处，诗人情思也像潮水般扩张着、泛滥着。以下由江水写到开花的郊野，过渡自然轻灵。“月照花林皆似霰”，月下的花朵莹洁如雪珠，吐出淡淡的幽香，写出春江月夜之花的奇幻之美。春夜何来“空里流霜”？明明是月光造成的错觉，故细看又不觉其飞。“汀上白沙”何以“看不见”？那也是因为一天明月白如霜，淆乱了视觉的缘故。

这两节写景奇幻，真有点令人目迷的感觉，诗人又并不迷失在镜花水月诸般色相之中，而独能驭以一己之情思，一忽儿又跳脱出来。纷繁的春江景物被统摄于月色，渐渐推远，“看不见”了。诗人于是由色悟空。

被月光洗涤净化的宇宙："江天一色无纤尘，皎皎空中孤月轮。"是"无纤尘"啊，"皎皎"啊。在星空下，即使是浅薄的人，也会变得有几分深刻。如此光明澄澈的环境，让人忘掉日常的琐屑烦恼，超越自我，而欲究宇宙人生之奥秘。相形之下，别的世情都微不足道了。在茫茫宇宙之间，人只不过是夹在宏观与微观世界中的一个中项而已，来自何从？去向何往？是一个永恒之谜。孤独感是一种深刻的人生情绪，被一代又一代灵魂反复体验过，咀嚼过。这里通过"孤月轮"而反映流露出来，"孤"字不可轻易看过。"江畔何人初见月？江月何年初照人？"前句可以解为：江畔人众，何止恒河沙数，谁个最初见到这轮明月？就今夜而言，此问偏于空间范畴。后句则言：江上之月番番照临人寰，然不知青天有月来自何时，江畔有人又始自何时，人月的际遇又始自何时？此问则偏于时间范畴。由此看来，这是两个问题。但前句亦可不限于此夜，可以解为：代代江畔有人，究竟何人最早见到这轮明月？换言之亦"青天有月来几时"也。由此看来，这又是同一个问题，以唱叹方式出之。通过"人"见"月"，"月"照"人"，反复回文的句式造成抒情味极浓的咏叹，令人回肠荡气。两句表现了极深远的宇宙意识，几乎是在探索宇宙的起源、人类的初始，本文前引李白、苏轼的天问式名句实肇源于此。

诗人浮想联翩，产生了一个更有价值的思想："人生代代无穷已，江月年年只相似。"有限与无限这对范畴，很早就有诗人在咏叹，与张若虚同时的刘希夷也有咏叹。这仅仅是"天地终无极，人命若朝霜"（曹植）、"人生若尘露，天道邈悠悠"（阮籍）、"年年岁岁花相似，岁岁年年人不同"（刘希夷）的翻版么？否。虽然同样是对有限、无限的思考，"岁岁年年人不同"着眼于个体生命的短暂，而"人生代代无穷已"着眼于生命现象的永恒，前者纯属感伤，而后者则是惊喜了。代代无穷而更新，较之年年不改而依旧，不是别有新鲜感和更富于生机么！生命现象，你这宇宙之树上茁放的奇花呀！无数个有限总和为无限而又如流水不腐。这是作者从自然美景中得到的启示和安慰。诗中的"江月"是那样含情脉脉，不知送过多少世代的过客，她还来江上照临，还在准备迎新。皎皎的明月，你这天地逆旅中多情的侍者呀！闻一多说，诗人在这里与永恒"猝然相遇，一见如故"，"只有错愕，没有憧憬，没有悲伤"，"对每一个问题，他得到的仿佛是一个更神秘、更渊默的微笑，他更迷惘了，然而也满足了"（《唐诗杂论》）。如果我们把哲理与诗情分别比作诗之骨与肉的话，《春江花月夜》绝不是那种瘦骨嶙峋的哲理诗，更不是那种骨瘦肌丰的宫体诗，相形之下，它是那样的骨肉匀停，丰神绝世，光彩照人。

诗人在诗的后半展示了一个人生舞台，咏叹回味着人世间最普遍、最持久的见难恒别的苦恼与欢乐。别易会难，与生命有限、宇宙无限是有关联而又不尽相同的事体。生有离别之事，死为大去之期，故生死离别，一向并提，这是有关联的一面。不过离别悲欢限于人生，而与自然宇宙无关，在视野上大大缩小范围，这是二者毕竟不同的地方。故诗的后半对前半是一重变奏。如果说前半乃以哲理见长，则后半就更多地具有人情味。在所有的亲情离别之中，游子思妇是最典型的一类。东汉《古诗十九首》已多所表现，论者多把游子思妇的苦因归结到乱离时代。殊不知夫妻情侣生离之事，乱离时代固然多，和平时代也不少。李煜的“别时容易见时难”、《红楼梦》的“天下没有不散的筵席”咏叹的都是不可避免的人生现象。《春江花月夜》的后半就着重写和平时代亲朋间悲欢离合之情，对古诗以来的游子思妇主题的诗歌作了一个总结。诗人的特出之处在于，他运用了四杰体反复唱叹的句调，设计了许多富于戏剧性的情景细节，创造了浓郁的抒情氛围，在同类题材之作中可谓观止。

这部分一开始，诗人就描绘了一个典型的离别场所：“白云一片去悠悠，青枫浦上不胜愁。”“浦”即渡口，为送别地点。江淹《别赋》：“送君南浦，伤如之何。”《楚辞·招魂》：“湛湛江水兮上有枫，极目千里兮伤春心。”枫叶秋红，青枫是春天的形象。在此青枫浦口，见一片白云去远，更引起离别的联想。以下就引入游子思妇之别情。“扁舟”在江，而“楼台”宜月，故诗人写道：“谁家今夜扁舟子？何处相思明月楼？”“谁家”与“何处”为互文，言“谁家”可见不止一家，言“何处”可见不止一处。这两句实是一种相思，两处着笔，反复唱叹，与“江畔何人初见月，江月何年初照人”二句同一机杼。

曹植诗云：“明月照高楼，流光正徘徊。上有愁思妇，悲叹有余哀。”（《七哀》）本篇写月夜楼台相思，实化用《七哀》句意。然而诗人却设计了一个更富于戏剧性的情节：“可怜楼上月徘徊，应照离人妆镜台。玉户帘中卷不去，捣衣砧上拂还来。”思妇对着明月光光的妆台，不能成寐，想要和帘卷去月光，但帘可卷而月光依然，撩人愁思；思妇意欲捣练，误认砧上月光是霜，想要拂拭，结果“拂还来”——其实是拂了个空。这两句写思妇恼乱情态，极有生活情趣。那卷不去、拂还来的月光，实是象征思妇无法解开的情结，无法摆脱的愁思，有赋抽象以具象之妙。“可怜”、“应照”云云，皆取游子遐想的情态，更有幻设之致。楼头思妇与扁舟游子虽非一处，此夜望月则同，却又信息难通。《子夜歌》云“想闻欢唤声，虚应空中诺”，此则曰“此时相望不相闻”；《子夜歌》云“仰头看明月，寄情千里光”，此则曰“愿逐月华流照君”，皆辞异情同。

“鸿雁长飞光不度，鱼龙潜跃水成文”二句对仗精工，就表意来讲，却是模糊语言。“鱼龙”偏义于“鱼”，鱼与雁皆为信使。“长飞”、“潜跃”云云，意言不关人意。“光不度”暗示音讯难通；“水成文”，可惜不是信字。两句诗尽传书信阻绝的苦恼。日有此思，则夜有此梦。“昨夜闲潭梦落花”，又模糊于主语，或云是思妇，或云是游子。其实两可。按梦的解析法，则此“落花”是象征青春易逝、红颜易老，与爱情有关。

诗的结尾最有意味，照应题面，逐字收拾“春江花月夜”五字。花落春老，海雾蒸腾，隐没斜月，而相隔天南海北的人儿不知凡几：“斜月沉沉藏海雾，碣石潇湘无限路。”尽管如此，却也必然有人踏上回乡之路：“不知乘月几人归，落月摇情满江树。”这个结尾之精彩，就在于诗人写够了人间别离的难堪后，又留下了会合团聚的希望。他并没有写到意尽，似乎更好。此生此夜，总有人乘月而归，在饱尝离别滋味之后，他们将得到重逢的喜悦，以资补偿。“人有悲欢离合，月有阴晴圆缺”（苏轼），这才是人生。这是继“人生代代无穷已”之后，诗人给读者第二次精神上的安慰。这也是自然美景给他的启示。唯其如此，这支人生咏叹曲才显得那么积极乐观、一往情深。明月在告别前留下深情的一瞥（“摇情满江树”），显示出造物对于人类的厚爱。

全诗以春江花月夜为背景，沉思着短暂而又无涯的人生，抒写情侣间的相思别情。诗情的消长与景物变化十分协调。在诗的前半，读者看到了春暖花开，潮涨月出，及夜幕的降临，渐渐引起哲理性的人生感喟。诗的后半，向着这种哲理感喟的生活化、具体化，读者又看到了春去花落，潮退月斜，而长夜亦将逝去。这绝不是一夜的纪实，而更像是人生的缩影。诗歌的形象概括力是很强的。李泽厚修正闻一多的说法道：“其实，这诗是有憧憬和悲伤的，但它是一种少年时代的憧憬和悲伤。所以尽管悲伤，仍然轻快，虽然叹息，总是轻盈。它上与魏晋时代人命如草的沉重哀歌，下与杜甫式的饱经苦难的现实悲痛都绝然不同。它显示的是，少年

时代在初次人生展望中所感到的那种轻烟般的莫名惆怅和哀愁。”(《美的历程》)

余恕诚先生把此诗与王维《春日田园作》等并论，说：“《春江花月夜》从自然境界到人的内心世界都不受任何局限和压抑，向外无限扩展开去。人们面对无限的春江、海潮，面对无边的月色、广阔的宇宙，萦绕着绵长不尽的情思，荡漾着对未来生活的柔情召唤。”(《唐诗的生活理想和精神风貌》)它与其说是初唐诗的顶峰，毋宁说是盛唐第一诗，春风第一花。从这个意义上说，正是以孤篇压全唐。盛唐诗人张九龄以更单纯有力的语言，对《春江花月夜》所表述的意境作了第二度艺术概括，同样是一篇力作。张九龄的《望月怀远》是一首五言律诗：

海上生明月，天涯共此时。情人怨遥夜，竟夕起相思。灭烛怜光满，披衣觉露滋。不堪盈手赠，还寝梦佳期。

哪有半点少年的稚气，这些诗分明已是经过琢磨的璞石，通体润泽光洁，就像窖藏已久的醇酿，一饮令人心醉。

《春江花月夜》属于“四杰体”，但已有令人瞩目的发展。它仍有《长安古意》那种一气贯注而又缠绵往复的旋律，却更加宛转明快。诗紧紧扣住题面五字来写，似乎语语就题面字加以翻弄，这种写法弄不好就会捉襟见肘，不胜痕迹。然而此诗却使人感到完全是情至文生，浅浅道来，语语生辉，真如万斛泉流，平地涌出，“将春江花月夜五字练成一片奇光，分合不得”(钟惺)。题面五字反复出现，“月”字使用频率高达十五次之多，丝毫不给人冗沓繁复之感。这是因为诗人一面重复着题字，一面更生着情景。读者的注意，在于引人入胜的境界，根本不觉得有什么重复，而反反复复出现的字面适足形成回环往复的唱叹之音，令人拍掌击节。

诗中多用顶针辞格，造成明珠走盘之致。又多用否定句式形成波折，如“流——不飞”、“看——不见”、“卷——不去”、“拂——还来”、“望——不闻”、“飞——不度”。还大量运用设问和悬揣的语气，造成亲切如晤谈、朦胧如梦呓的音情，“江畔何人初见月，江月何年初照人？”“不知江月待何人？”“谁家今夜扁舟子?何处相思明月楼?”“不知乘月几人归?”这种音情有助于诗情哲理的表现。《春江花月夜》在韵度上四句一转，共九韵，平仄交互，成九个段落，句调的流走妍媚，使人想到《西洲曲》。

林庚先生说得好：“绝句至盛唐一跃而为诗坛最活跃的表现形式。张若虚以《春江花月夜》属吴声歌曲，原来正是民歌中的绝句。张作四句一转韵，全诗一波未平一波又起，仿佛旋律的不断再涌现，从月出到月落，若断若续地组成一个抒情的长篇。节与节间自然流露出它的飞跃性——这乃是诗歌语言的基本特征。”因而闻一多赞美它是“诗中的诗”。

春　晓

（唐）◎ 孟浩然

春眠不觉晓，处处闻啼鸟。夜来风雨声，花落知多少？

孟浩然（689—740），或谓字浩然，襄州襄阳（今属湖北）人。少隐家乡鹿门山，玄宗开元十六年（728）进京应试不第，遂漫游天下，以布衣终老。有《孟襄阳集》。

古诗写春晓者多矣，如孟浩然此诗可谓清妙而别致。关键在于诗人抓住清早刚刚睡醒的刹那感受，提供给读者的主要是听觉的形象，春鸟的啼声和回忆中夜里的风雨声，正如“荷风动香气，竹露滴清响”两句，可谓找准了感觉。

春天的鸟语花香、微风细雨，是大自然的音乐，也是大自然对人的一种抚慰，它们构成了一个特殊的审美境界。据说有人尝试用带有雨声的枕头，或鸟语啁啾的录音来治疗神经衰弱等由文明带来的病症，实际上也就是让病人在啼鸟声、风雨声中复返自然，放下精神上的负担，得到心理上的解脱。所以《春晓》一类诗具有永恒的魅力。

但诗中表现的是否就是对社会人生漠不关心的疏淡心情呢？恐未必然，诗中至少含有惜花的意思。“知多少”不是说“管它落了多少”，而是说“不知落了多少”。这种惜花的感情分量很轻，被淹没在对春意的审美感受之中，所以还算不得感伤。

九月九日忆山东兄弟

（唐）◎ 王　维

独在异乡为异客，每逢佳节倍思亲。遥知兄弟登高处，遍插茱萸少一人。

王维（699—761），字摩诘，太原祁（今山西祁县）人，后徙家蒲州（今山西永济西）。玄宗开元九年（721）中进士，后以监察御史出使凉州，为河西节度使幕府判官。二十八年迁殿中侍御史，以选补副使赴桂州知南选。还朝后居终南山。天宝元年（742）改官左补阙，旋居蓝田辋川。十四载迁给事中，翌年为安史乱军所获，拘于洛阳。肃宗至德二载（757）陷贼官六等定罪，以诗获免。乾元元年（758）授太子中允，加集贤学士，迁中书舍人，改给事中。上元元年（760）官尚书右丞，世称王右丞。有《王右丞集》。

这又是一首写重阳节的诗。关于重阳节的来历见陶渊明《九日闲居》介绍。王维这首诗浅显易懂，也无串讲之必要。现在我们还是来分析这首诗为什么会成为千古传诵的名篇罢。

首先，这首诗有着浓厚的手足之情，最易激起家人心中的波澜，因此就有最广泛的读者基础。在古代，幼小时靠父母养育，长大后就要靠兄弟之间的相互支持。例如苏轼和苏辙，就是这方面的典型。所以，当王维在重阳节独自登高的时候，他首先想到了山东兄弟，这既有孤独的伤感，也有美好的回忆。这根琴弦一经拨动，就要引起普天下的强烈共鸣，并使你久久无法挥去。请注意诗中的“山东”并非指当今的山东省，而是指华山以东，包括当今的山东、山西、河南、河北。王维是山西永济人，而当时的概念就已经算是山东了。

其次，这首诗技巧很高。这首诗本来是表现自己思念兄弟，却倒过来写，偏说兄弟思念自己。啊！年年今日，我们弟兄都要登高饮酒，遍插茱萸以避邪，可是今年，我不在家乡了，不知你们此时此刻多么想念我！把两层意思合在一起写，不但具有“言省意丰”的简约美，更主要的是刹那间把弟兄之情沟通了，令人有触电之感。倒过来写家人思念自己是王维的首创，后代模仿这种写法的很多。如白居易：“邯郸驿里逢冬至，抱膝灯前影伴身。想得家中夜深坐，还应说着远行人。”也写得不错，但既已落后王维七十余年，也就不足为奇了。因此这首诗的另一个价值就是首创。

再其次，这首诗全部使用浅近语，没有任何文字障碍，这就为它的广为传唱提供了良好的语言基础。诗是深奥的好还是浅显的好？当然是浅显的好。唐诗几乎不用加注，宋诗就要加注了，清诗则必须详注。可是它们的价值，却是倒过来数的。这首诗在浅显的唐诗中，又算是最浅显的了，简直就是当时的口语。为什么能做到这一步？是因为这首诗直接抒情，不需状景，用不着点缀什么。抒情诗打动人的要害是真，真就要求朴素，这首诗最能体现朴素美，所以它能冲破士大夫的界限，受到全社会、全民族的热爱。

人日寄杜二拾遗

（唐）◎高　适

人日题诗寄草堂，遥怜故人思故乡。柳条弄色不忍见，梅花满枝空断肠。身在南蕃无所预，心怀百忧复千虑。今年人日空相忆，明年人日知何处？一卧东山三十春，岂知书剑老风尘。龙钟还忝二千石，愧尔东西南北人！

高适（704？—765），字达夫，勃海蓨（今河北景县）人。少时客居梁宋，玄宗天宝八载（749）有道科及第，曾为封丘县尉，不久辞官。客游河西，入哥舒翰幕。安史之乱中拜左拾遗，累为节度使。晚年出将入相，曾任左散骑常侍，进封勃海县侯，卒赠礼部尚书。有《高常侍集》。

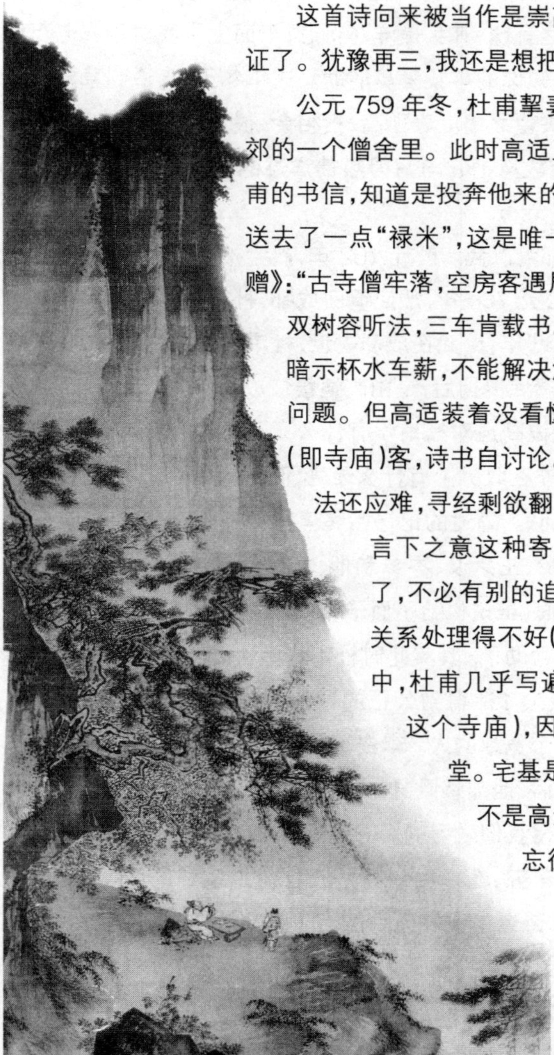

这首诗向来被当作是崇高友谊的典范，恐怕是疏于考证了。犹豫再三，我还是想把真相告诉读者。

公元759年冬，杜甫挈妻孥到达成都，最先寄寓在西郊的一个僧舍里。此时高适正在彭州任刺史，事先收到杜甫的书信，知道是投奔他来的，便在杜甫一家抵达时，派人送去了一点“禄米”，这是唯一的接济。杜甫《酬高使君相赠》：“古寺僧牢落，空房客遇居。故人供禄米，邻舍与园蔬。双树容听法，三车肯载书。草玄吾岂敢，赋或似相如。”暗示杯水车薪，不能解决温饱，并希望进一步解决定居问题。但高适装着没看懂，《赠杜二拾遗》：“传道招提（即寺庙）客，诗书自讨论。佛香时入院，僧饭屡过门。听法还应难，寻经剩欲翻。草玄今已毕，此外复何言？”言下之意这种寄人篱下的生活已马虎过得去了，不必有别的追求。但杜甫与所寄居的寺庙关系处理得不好（我们注意到在接下去的几年中，杜甫几乎写遍了成都名胜，唯独只字不提这个寺庙），因此只好在第二年春天自筑草堂。宅基是谁送的，至今是个谜，但肯定不是高适给他的。杜甫是个“一饭不忘德”的人，谁送了树种，谁送了碗盏，他都要写诗感谢，如果高适送了他宅基，他不会没有答谢诗。草堂盖好后，杜甫写了一首《堂成》：“背郭堂成荫白茅，缘江路熟俯青郊。桤林碍日吟风叶，笼竹和烟滴露梢。暂止飞乌将数子，频来语燕定新巢。旁人错比扬雄宅，懒惰无心作解嘲。”这首诗有两点应注意，一是杜甫准备在成都定居(榿木生长最快，三年即可成荫)，一是对高适有点抱怨，这个“旁人错比”似乎就是对高适“草玄今已毕，此外复何言”的答复。当然，高适又装着没看懂，到第二年人日，他才答了杜甫一首诗，就是上面这一首。仔细玩味此诗，除了开头两句泛泛写杜甫思乡之外，剩下的几乎全是在叹息自己壮志未酬。其实此时的高适已阔得使人羡慕，他已做了蜀州(治所在崇庆)刺史，离杜甫更近，从他那“二千石”俸禄中拿出一百石送给杜甫不会有太大损失，然而他并没这样做。“龙钟还忝二千石，愧尔东西南北人”，表面上说自己对朝廷的俸禄是受之有愧，其实是洋洋得意；表面上说我对不起老百姓(当然包括杜甫)，其实就是通知你的事我爱莫能助。这年冬天，高适到草堂与杜甫见过一面，高无诗，杜甫有失望之情。表现高、杜相会，很可能就是《宾至》那一首，冷冰冰的，颇多牢骚，杜甫故意把它与写得热情洋溢的《客至》那一首放在一起，其用意是很清楚的。

真正帮助过杜甫的是成都尹严武。公元762年，严武被召还京，杜甫一直送他到绵州，自己也没回成都；公元764年，严武调回成都，杜甫便从阆中回成都投靠他，可见感情之深。公元765年，严武在成都去世，杜甫再次失去依靠，只好迁到川东去住。值得注意的是，严武离蜀后，是由高适接任成都尹的，而这时杜甫却偏偏要离开成都，可见上面所说高适对杜甫没有什么真正帮助，应该不是捕风捉影之论。高适不帮助杜甫，并非在政见上有什么矛盾，而是他们的交情本来不深，在救济名单上，杜甫还排不上队。高适的记忆始终停留在长安时期，那时诗坛的领袖人物是王维、李白、王昌龄、王之涣、岑参和他，杜甫比他小10岁，又毫无名气，当然是瞧不起了。现在见面，虽说也给了面子，但肚子里始终认为他还是长安时期的小毛头，当然不会真心帮助了。其实此时杜甫的诗作，早就超过高适了。很多人的价值，往往要在死后很久才能得到公正的评判，杜甫即是最显著的例子。然而杜甫毕竟是杜甫，他是一个宽厚的人。李白嘲笑他，他却称赞“白也诗无敌”。高适不肯帮助他，在高适去世后，他却感慨“独步诗名在，只令故旧伤”。他忠于友情，不记人恶，不藏人善，是值得我们学习的。

天真的成都人从来不愿深究，他们相信高适和杜甫是最好的朋友，相信高适真诚地帮助过杜甫，连这首诗也是顶好顶好的。于是，每年农历正月初七(即人日)，他们都要成群结队赶到杜甫草堂，纪念杜甫，也缅怀高适与杜甫的深厚友谊。这样，成都的人日，就赋予了全新的内容，可以说与上帝造人(一日为鸡，二日为狗，三日为猪，四日为羊，五日为牛，六日为马，七日为人)毫不相干了。天真的成都人，就那样理解吧，但愿成都的草堂人日永远流传下去。

九日蓝田崔氏庄

（唐）◎杜　甫

老去悲秋强自宽，兴来今日尽君欢。羞将短发还吹帽，笑倩旁人为正冠。蓝水远从千涧落，玉山高并两峰寒。明年此会知谁健，醉把茱萸仔细看。

这也是一首写重阳节的诗。我在前面说过，重阳节离不开酒、菊和茱萸，这首诗带出了后两种，抒发了未老先衰、好景难再的感慨，向来被当作是重阳诗的佳作。

此次登高的地点是蓝田，蓝田既有名山（玉山），也有名水（玉溪），是一个产玉的地方，风景优美。"蓝水远从千涧落，玉山高并两峰寒"就是赞扬这个地方的。此时的杜甫，左拾遗也当不成了，内心失落，未老先衰，很有些伤感。"强自宽"、"尽君欢"二句写出为了不辜负主人的美意、勉强登高的心情，非常真实。"羞将""笑倩"一联写自己中年（这年他才 46 岁）潦倒，无心与孟嘉追逐风流，这是苦恼人的笑，其失落与无奈之情，溢于言表。"吹帽"是有典故的。《晋书》载：孟嘉是桓温的参军，有一年重阳节登龙山，孟嘉的帽子被风吹落了，桓温就命孙盛为文嘲笑，以此取乐。从此，文人就把"吹帽"当作风流韵事，一写重阳就把它拿出来，乱贴标签，成为俗套。南宋词人刘克庄实在受不了了，便在《九日词》中讥讽道："常恨世人新意少，爱说南朝狂客，把破帽年年拈出。"杜甫比刘克庄早几百年，当然还没有厌恶到那个程度，但他已懂得用典必翻新、用典必无痕的道理了。这首诗的看点就在这里：我不是孟嘉，更不愿意别人看见我的白发，所以风一吹来，我就赶忙请人帮我把帽子戴正，风流韵事还是让给别人吧。这就既贴切又有新意了，即使是不懂"吹帽"那个典故的人也能读懂。要说这首诗是典范，那么它应该是用典的典范。诗的最后忍不住伤感起来：不知明年登高还有几个人在？我还是按照风俗，乘着醉意，把茱萸多看几眼。这个结尾不呆板，流畅自然，也是很不错的。

杜甫（712—770），字子美，河南巩县（今属河南）人。玄宗开元二十三年（735）举进士不第。天宝间困守长安十年，十四载（755）授河西尉不赴，改右卫率府兵曹参军。安史乱发，长安陷落，身陷贼中。至德二载（757）自贼中奔赴凤翔行在，授左拾遗。乾元元年（758）贬华州司功参军，次年弃官赴秦州，经同谷，到成都，于西郊建草堂。广德二年（764）剑南节度使严武荐为检校工部员外郎。永泰元年（765）离成都，至夔州（今四川奉节）。大历三年（768）出峡，辗转江湘，死于舟中。有《杜工部集》。

秋兴八首

（唐）◎ 杜　甫

其　一

玉露凋伤枫树林，巫山巫峡气萧森。江间波浪兼天涌，塞上风云接地阴。丛菊两开他日泪，孤舟一系故园心。寒衣处处催刀尺，白帝城高急暮砧。

《秋兴》八首作于大历元年（766）秋，时杜甫寓居夔州（今四川奉节）之西阁。这八首七律是完整的组诗，中心思想是平居故国之思（即身在江湖，心系朝廷），在写作上跨越时空局限，各章或互发、或遥应，章法缜密。其结构大致——由悲秋兴起故国之思，故国之思逐首增浓，四章以后便全忆长安。其一乃秋兴之发端，全组之序曲。

首联以白露点出时令，“巫山巫峡”点出地点，只“玉露”（叠韵）、“萧森”（双声）数字，就摹状出秋气乃至秋声满纸。

次联承“萧森”展开描写巫峡气象。波浪在下，却云兼天涌；风云在上，却云接地阴，说得从地到天、从天到地，都是秋色一片。同时这些形象，又象征着时局的动荡不宁，融入了诗人身世浮沉之感，即创造出一种意境。集中了秋天与大江、急峡的形象，同时赋予景物以主观的色彩，反映出时代特征和诗人襟怀，最能代表杜诗的艺术功力和风格特点（同类诗句有“高江急峡雷霆斗，古木苍藤日月昏”、“无边落木萧萧下，不尽长江滚滚来”）。

三联触景感怀，盖诗人从去年（永泰元年）夏离开成都东下，是秋卧病云安，今秋羁留夔门，故见“丛菊两开”，“他日泪”犹言昔日泪，而今日泪则在不言中。本来诗人把返回长安故园的希望寄托在船上，而这条船却牢系江边，又是一年。注意诗句的多义，盖“开”谓花，亦可兼属泪眼；“系”谓船、亦可兼谓归心。多义，故耐咏味。

末联落到深秋夔府一片砧声，暗示家家都在捣练帛、制寒衣，客子将顿生无衣之感，更生羁旅愁怀矣。

其 二

夔府孤城落日斜，每依北斗望京华。听猿实下三声泪，奉使虚随八月槎。画省香炉违伏枕，山楼粉堞隐悲笳。请看石上藤萝月，已映洲前芦荻花。

承前首末句，因夔府暮景而忆长安，是一望京华。

长安在夔州正北，即北斗所指方向，北斗可见而长安不见，故只好循北斗方向而望之，“每”字说明夜夜如此。“每依北斗望京华”是诗中一大关纽，提挈三章（包括本首和以下两首），重在想象今日长安；到其四“故国平居有所思”方改换角度，重在回忆昔日长安。

由于思念殷切，心情也就十分惨苦。巴东渔歌云“巴东三峡巫峡长，猿鸣三声泪沾裳”，过去是书上的几句话，而眼前则是自己的写照，故著一“实”字（句系“听猿三声实下泪”的倒腾）。《博物志》记载了一个海客乘槎到天河的故事，《荆楚岁时记》把它安到张骞头上，说其奉使穷河源，乘槎经月到天河，见牛郎、织女。杜甫曾多次反用此典，自伤漂泊。他曾入严武幕参谋，任检校工部员外郎，原本希望有随严武回朝的机会，但严武的病故，使这一愿望落空，故著一“虚”字。“奉使”是以严武入蜀比张骞使西。

三联即承上“虚”字，写希望成为画饼的悲哀。唐代中央机构有尚书、门下、中书三省，省署皆以胡粉涂壁，绘有壁画，有专职女侍执炉熏香。杜甫任左拾遗时属门下省，工部员外郎则属尚书省，他的不能入朝，本是因为“朝廷记忆疏”的缘故，但此处只说画省睽违，皆因卧病而已，是含蓄。故薄暮闻笳，弥增愁思（“粉堞”是刷白的女墙）。

末二句写深夜不寐，盖巫峡之中，“非亭午夜分，不见曦月”，故月光下彻，可见夜深，二句大是从沉思中清醒的情景。

其　三

千家山郭静朝晖，日日江楼坐翠微。信宿渔人还泛泛，清秋燕子故飞飞。匡衡抗疏功名薄，刘向传经心事违。同学少年多不贱，五陵衣马自轻肥。

承上夜深，从夔府清晨写起，是二望京华。

夔府清晨一片恬静，诗人早起坐在临江西阁之上，沉浸在四围山色之中，这种意境本是闲适优美的。只因著了“日日”二字，才发生了质的变化，顿生无聊之感。

次联写西阁晨眺江景：渔人泛泛，燕子飞飞，亦是怡然自得图画。但著“信宿”（隔夜）以承“日日”，并以“还”、“故”点情，便有习见生厌之感。

三联感怀。匡衡、刘向皆汉儒。元帝时匡衡数上疏言事，迁光禄大夫、太子少傅；宣帝时刘向擢谏议大夫，曾于石渠讲五经。这两个人的际遇都不错。而杜甫的情况则完全不同，他曾因上疏言事被贬，而且一贬不复用；亦致力于经学儒术，却无受诏传经的幸运。如正面用典，不妨援屈原、贾生自譬，此处偏举出际遇相反的两个例子，却更深刻地反映了自己遭际的不平。

末联遥想长安故人。说同学（同应试者、同宦游者及同官）不贱，何以知之，必有所闻也，下章以“闻道”起已逗漏此意。杜甫昔年大志迂阔，曾“取笑同学翁”，而今此辈钻营得志，谁还记得起他来呢。此处暗用《十九首》“昔我同门友，高举振六翮。不念携手好，弃我如遗迹”意，只于一“自”字见之。

其　四

闻道长安似弈棋，百年世事不胜悲。王侯第宅皆新主，文武衣冠异昔时。直北关山金鼓震，征西车马羽书驰。鱼龙寂寞秋江冷，故国平居有所思。

继前章末写所闻，是三望京华。首联言听说长安政局变幻一如棋局，今非昔比，即以我生平（“百年”）亲见亲闻而言，已有无尽的悲哀。

次联承“似弈棋”，抒世事沧桑之感。盖古代第宅形制，衣冠色饰，都体现着一定的身份等级，不容僭越。而“天宝中，贵戚勋家已务奢靡，而垣屋犹存制度；然卫公李靖家庙，已为嬖臣杨氏马厩矣。及安史大乱后，法度毁弛，内臣戎帅，竞务奢豪，亭馆第舍，力穷乃止，时谓木妖”（《旧唐书·马璘传》）。诗言王侯第宅易主，冠服色饰改制，言下有世事沧桑，纲纪紊乱之慨。

三联写唐王室不徒内忧，且多外患，北（“直北”，正北）有回纥，西患吐蕃。吐蕃的入侵，曾使长安一度陷落，陇右关辅备遭蹂躏。较之开元、天宝间“河陇降王款圣朝”的盛况，自然使人感到不胜悲了。

古人认为鱼龙以秋为夜，蛰伏于渊（《水经注》），像诗人之长困秋江，备极寂寞，回首往昔三在长安（困守、陷贼、收京后），亲眼所见故国之盛衰，不能不旧梦重温矣。“故国平居有所思”是诗中第二关纽，提挈以下四章。

其　五

蓬莱宫殿对南山，承露金茎霄汉间。西望瑶池降王母，东来紫气满函关。云移雉尾开宫扇，日绕龙鳞识圣颜。一卧沧江知岁晚，几回青琐点朝班。

忆长安大明宫及往日献赋、宿省等事，是故国之思一。

首句写大明宫旧貌。高宗龙朔二年(662)修旧大明宫，改称蓬莱宫，天晴日朗，望终南山如指掌（《唐会要》卷三十)，故云“蓬莱宫殿对南山”。汉武帝好神仙，造通天台，以金盘承露，和玉屑服之以求长生。玄宗晚年迷信，故以汉武比之。在长安宫阙中独提大明宫，是因为老杜困守时曾在此献赋，见过玄宗；收京后又曾在此与会，朝见肃宗。

次联回忆当年玄宗宠爱贵妃和道教兴盛的事实。上句因“蓬莱”字面连及“瑶池”，影射华清池(“瑶池气郁律”)，池在京东，“西望”乃据西以望，与下句“东来”成对；而“王母”也就影射贵妃(曾为太真宫女道士)了。下句用《列异传》说函谷关令尹喜望见紫气浮关，乃是老子乘青牛过关西游。唐初高祖认老子为远祖，高宗追尊为太上玄元皇帝，玄宗亦屡加尊号，广修庙宇，并宣称获其所降灵符，故诗以老子过关隐射其事。此皆老杜困守所见，实致乱之源也。

三联叙收京朝见肃宗情景。上句形容朝会时殿前合拢的雉尾扇向两边分开，就像祥云在移动；下句描写日光照在衮服所绣的龙纹上，即见到皇帝的尊容。此乃杜甫在左拾遗任上情景，有《奉和贾至舍人早朝大明宫》等诗可参。

末联即此一跌，说自从华州之贬，至今犹沦落江湖，不知如此朝会又几多回矣。

其　六

瞿唐峡口曲江头，万里风烟接素秋。花萼夹城通御气，芙蓉小苑入边愁。珠帘绣柱围黄鹄，锦缆牙樯起白鸥。回首可怜歌舞地，秦中自古帝王州。

回忆曲江往事，是故国之思二。

瞿唐峡为三峡门户，峡口即夔州，亦即西阁所处的实际位置；曲江则在长安。两地相距甚远，然"万里风烟接素秋"一句，则以同一秋气笼罩，大有视通万里的诗效。次联则专从长安落笔。花萼楼（全名"花萼相辉楼"）在兴庆宫西南，芙蓉苑在曲江池西南，夹道即夹城复道，为宫廷游曲江专用通道。两句互文，谓从花萼楼经夹道至曲江池，盛时为玄宗与诸王、贵妃游幸之处，皆"通御气"；衰时则皆"入边愁"。据《明皇十七事》，安禄山反报至，玄宗欲出走，登兴庆宫花萼楼置酒，四顾凄怆，命乐工歌《水调》，不待曲终而去。此即"入边愁"的形象说明。

三联承"入边愁"，写曲江盛极转衰，两句同构。"珠帘绣柱"谓江头宫殿之富丽，但"围黄鹄"矣；"锦缆牙樯"谓池中舟楫之华美，唯"起白鸥"矣。两句着落在此日之衰，而皆用华美词藻并见其昔日之盛，妙于造句。

末联一叹，"秦中自古帝王州"句既含今不如昔的感慨，同时也对唐王朝的中兴，寄予殷切期待。

其 七

昆明池水汉时功，武帝旌旗在眼中。织女机丝虚夜月，石鲸鳞甲动秋风。波漂菰米沉云黑，露冷莲房坠粉红。关塞极天唯鸟道，江湖满地一渔翁。

忆昆明池盛衰变化，是故国之思三。

昆明池在长安西南二十里，周回四十里，汉武帝元狩三年(前 120)仿滇池而凿，以习水战，故首联总言“昆明池水汉时功，武帝旌旗在眼中”。而唐人例以汉武帝比唐玄宗，故句意亦双关。

次联写池苑石雕。《汉宫阙记》说昆明池原有牛郎织女隔池相望的石像；《西京杂记》说池中原有玉石雕刻的鲸鱼，逢雷雨辄鸣吼，鳍尾皆动。此等石刻盛时皆为池苑生色，衰时则为沧桑见证。缀以“虚夜月”、“动秋风”，不胜铜驼荆棘之悲。

三联写池中植物。“菰”即茭白，秋实为菰米，黑沉沉一片如乌云然；莲子成熟，花瓣也就坠落了。诗中所写菰米无人收，莲子无人采，一任波飘露冷，不胜黍离麦秀之感。

末联从想象回到现实，由蜀还秦无路，生涯长在船中，故非渔翁而何?

其 八

昆吾御宿自逶迤，紫阁峰阴入渼陂。香稻啄余鹦鹉粒，碧梧栖老凤凰枝。佳人拾翠春相问，仙侣同舟晚更移。彩笔昔曾干气象，白头今望苦低垂。

忆旧游渼陂之事，是故国之思四。

陂在陕西户县西五里，集终南山诸谷之水，合胡公泉而为陂，以鱼美得名。陂南为终南主峰——紫阁峰，陂中可见其倒影（陂在元末因游兵决水取鱼而涸）。杜甫偕岑参兄弟游陂在天宝十三载（754），有《渼陂行》纪其事。

“昆吾”、“御宿”（今樊川）皆地名，在长安南，是从长安往渼陂的必由之路，一路行来，故曰“逶迤”。此与《闻官军收河南河北》末联相同，二句入地名者四，令人不觉。

次联是千古名句，但历来在解释上分歧很大。顾宸曰：“旧注以香稻一联为倒装句法，今观诗意，本谓香稻乃鹦鹉啄余之粒，碧梧则凤凰栖老之枝。盖举鹦鹉、凤凰以形容二物之美，非实事也。若云‘鹦鹉啄余香稻粒，凤凰栖老碧梧枝’，则实有鹦鹉、凤凰矣。少陵倒装句固不少，唯此一联不宜牵合。”也就是说，这两句是形容渼陂风物的美盛，以香稻、碧梧为主，“啄余鹦鹉”、“栖老凤凰”不过为形容子句而已。

据《后汉书》，郭泰、李膺同舟而济，宾客望之，以为神仙。三联即用此典，写与友人岑参等移棹夜游，带写京畿士女游赏之盛，皆诗人亲历亲见。

末联结兼总收四章，二句或作“彩笔昔曾干气象，白头吟望苦低垂”。然以时代较早之各本作“昔游”，概括昔游大明宫、曲江池、昆明池及渼陂而言，相应下句当作“今望”，与“昔游”遥遥相对，言下有不胜今昔之慨。“干气象”谓干预，即领略过当日之气象，小而言之，固指以上胜地风景气象；大而言之，即指盛唐气象亦无不可。如是这两句对杜甫生平也是极为有力的一个概括。

要之，《秋兴八首》在内容上怀乡恋阙，吊古伤今，诗人生平思想得到集中的表现；在艺术上声韵沉雄，词采高华，气象森罗，风格沉郁。它们在杜甫七律中具有特殊地位，更因为其缜密的组诗体制——以序诗、三望、四忆的结构组成，在风格上也有变化，大体前四章即景抒怀，但章法、内容并不一样，风格则皆沉郁顿挫，一如《登楼》、《登高》、《白帝》等独立成篇的七律，它们合看有序性很强，分开则可以独立成章；后四章则不然，它们的章法、内容极为相似，像是一个个五彩缤纷的梦境。每章前六句大抵都用浓丽的色彩、斑斓的笔触、华丽的辞藻绘成，是一幅幅行乐图，风格类似初唐标格和诗人在宫廷中所写《奉和贾至舍人早朝大明宫》一类作品；所不同者，唯以末二句扫空前数句的繁华，好一似“七尺珊瑚只自残”。它们在组诗中起到了以对比手法表达今昔盛衰的压轴戏的作用，更应放到组诗中去欣赏。

登高

（唐）◎杜　甫

风急天高猿啸哀，渚清沙白鸟飞回。无边落木萧萧下，不尽长江滚滚来。万里悲秋常作客，百年多病独登台。艰难苦恨繁霜鬓，潦倒新亭浊酒杯。

大历二年(766)夔州，重阳节登高作。大致上前四句主景，后四句主情。

首联两句各以三景连缀属对，上句曰“风急一天高一猿啸”，笔墨浓重，使人顿生秋气肃杀之感，故落笔在一个“哀”字，是猿声给人的感觉。下句曰“渚清一沙白一鸟飞”，着色转淡，只一“回”字便与“风急”呼应，有不胜风力之感。两句密集许多意象，写得秋声秋色俱足，而猿鸟惊秋，亦足兴起人的秋思。

次联笔势突变，不再一句三景，而作一句一景，落木萧萧、长江滚滚，已觉气势雄浑；而“无边”与“不尽”，则在空间和时间上广远延伸，境界更见阔大；音情上“萧萧下”以舌齿音传风声，“滚滚来”以开口呼传涛声，出神入化；象征上则包容十余年间人事代谢与历史变迁。

三联入情叙事，以“万里悲秋”、“百年多病”高度概括了老杜毕生经历及现实处境，其间熔铸了八九层意思：滞留客中、家山万里、常年如此、逢秋兴悲、登高又悲、独登更悲、百年过半、晚年多病等等，可谓百感交集于十四字中。

末联谓多年国恨家愁、白发日多、排解唯酒。最后一句本作“新亭”，仇注曰“停通”，今人多据此释为近来(因病)断酒。裴斐引“新亭举目风景切”(《十二月一日》)，谓新亭乃登高所在，即修成不久的亭子，谓末句非但不是说断饮，恰恰说的是痛饮，“潦倒”云云，即沉滞于酒也，与李白“与尔同销万古愁”同情。不同者，老杜所饮非“美酒”而是“浊酒”也。

本篇不但在内容上极为凝练，境界上极为阔大，感情上极为深沉，就形式而言也是令人叹为观止的。造次一看，首尾似“未尝有对”，中幅似“无意于对”，细按则一篇之中句句皆对、字字皆律，乃自然工稳，为杜诗中大气盘旋、沉郁悲壮风格之代表作。明代胡应麟推为“古今七律第一”。

行军九日思长安故园

（唐）◎岑 参

强欲登高去，无人送酒来。遥怜故园菊，应傍战场开。

岑参（715—770），荆州江陵（今湖北江陵）人，郡望南阳（今属河南）。玄宗天宝五载（746）登进士第，天宝间曾两度出塞，充任安西、北庭节度使府掌书记、节度判官。肃宗时历任右补阙、起居舍人、虢州长史等职。代宗大历二年（767）任嘉州刺史，后客死成都。有《岑嘉州集》。

古人写重阳节，大多显得伤感，唯独这首诗不同。它饱含阳刚之气，以壮美动人，气格首先就高了。诗人又选择了五绝的形式，更觉豪迈爽快。

这首诗是在军中写的，当时岑参跟随唐肃宗驻扎在凤翔，准备对安史叛军最后一击，以便收复长安。军中过重阳节又是什么情景呢？这里既无美酒，又无菊花，哪还有什么兴致呢？“强欲登高”、“无人送酒”就写出这种遗憾，但那只是作为一种铺垫，也是古代军旅诗以悲壮为主色调的一种定势。经过这一铺垫，后半部即主题部就凸显出来了。没有菊花算什么！我在长安的家，院子里栽满了菊花（岑参是河南南阳人，久居长安，便以长安为家了），它们知道我就要回来了，所以在重阳节这一天，一定纷纷对着战场的方向盛开！这是多么美丽的想象，多么豪壮的情怀！这首诗把爱国主义激情、军人的坚忍刚毅和浓郁的思乡之情融汇在一起，不叫喊，不做作，全凭感情的力量来征服你，诚为九日之绝唱矣！

一千二百年后的毛委员，也是在战场上，也是在重阳节，他一定想到岑参那首诗了，于是挥笔写下了“人生易老天难老，岁岁重阳，今又重阳，战地黄花分外香”的壮丽词章。岑参这首绝句对后代影响之大，于此可见一斑。

新年作

（唐）◎ 刘长卿

乡心新岁切，天畔独潸然。老至居人下，春归在客先。岭猿同旦暮，江柳共风烟。已似长沙傅，从今又几年。

此诗作于岭南贬所。第二联为名句，在思乡之情中掺入仕宦身世之感，扩大了诗句的容量，增强了情感的厚度。诗人时年五十为县尉，故云“老至居人下”。国人传统文化心理有尊老的观念，老人有受人尊重的心理需要，“居人下”已属窝囊，而“老至——居人下”，就更加窝囊；新年中土回春，而岭表天气转热，自己归期未卜，所以是“春归——在客先”，这句或多或少受了薛道衡“人归落雁后，思发在花前”的启发。二句自然工整，亦寓妙思，故沈德潜批：“巧句，别于盛唐正在此种。”

刘长卿（709?—790?），字文房，河间（今属河北）人，一说宣州（今属安徽）人，早岁居洛阳。玄宗开元间即应进士举，至天宝末始登进士第，释褐长洲尉。肃宗至德三载（758）摄海盐令，同年以事下狱，贬南巴。代宗永泰元年（765）前后入京。大历初以检校祠部员外郎出为转运使判官，后擢鄂兵转运留后，贬睦州司马。德宗建中初迁随州刺史。晚入淮南节度使幕。有《刘随州文集》。

寒　食

（唐）◎ 孟云卿

二月江南花满枝，他乡寒食远堪悲。贫居往往无烟火，不独明朝为子推。

孟云卿（725?—?），河南（今河南洛阳）人。玄宗天宝中应举，代宗永泰中始登进士第，授校书郎。不久客游南海，大历初流寓荆州，后漂泊广陵。《全唐诗》存诗1卷。

寒食是一个重要的传统节日，在清明节前一天（一说两天）。相传春秋时已出亡多年的晋国公子重耳（晋文公）回国即位，封赏随其流亡的臣子，唯独漏掉了介之推。之推于是携老母隐居绵山。文公得知后欲加封赏，寻至绵山，找不到他，便想烧山逼他出来。之推坚持不出，结果母子二人俱被烧死。晋文公于是规定每年这一天禁止人们起火烧饭，以示悼念。后来便形成了寒食的习俗。

孟云卿天宝年间科场失意后，曾流寓荆州一带，过着极为贫困的生活。就在这样的漂泊流寓生活中的一个寒食节前夕，他写下了这首绝句。

寒食节在冬至后一百零五天，当春二月。由于江南气候温暖，二月已花满枝头。诗的首句描写物候，兼点时令。一个“满”字，传达出江南之春给人的繁花竞丽的感觉。这样触景起情，颇觉自然。与这种良辰美景相配的本该是赏心乐事，第二句却出人意外地写出了“堪悲”。作者乃关西人，远游江南，独在他乡，身为异客；寒食佳节，倍思亲人，不由悲从中来。

诗中常见的是以哀景写哀情，即陪衬的艺术手法。而此诗在写“他乡寒食远堪悲”前却描绘出“二月江南花满枝”的美丽景色，在悲苦的境遇中面对繁花似锦的春色，便与常情不同，正是“花近高楼伤客心”，乐景只能倍增其哀。恰当运用反衬的艺术手法，表情也就越有力量。

下联承上句“寒食”而写到断火。寒食禁火的习俗，相传是为纪念春秋时贤者介之推。在这个节日里，人们多外出游春，吃现成食物。野外无烟，空气分外清新，景物尤为鲜丽可爱。这种特殊的节日风物与气氛会给人以新鲜愉快的感受，而对于古代贤者的追思还会更使诗人墨客逸兴遄飞，形于歌咏。历来咏寒食诗就很多，而此诗作者却发人所未发，由“堪悲”二字，引发出贫居寒食与众不同的感受。

寒食节“无烟火”是为纪念之推相沿而成的风俗，而贫居“无烟火”却不独寒食节而然。对于富人来说，一朝“断炊”，意味着佳节的快乐；而对于贫家来说，“往往”断炊，包含着多少难堪的辛酸！作者巧妙地把二者联系起来，以“不独”二字轻轻一点，就揭示出当时的社会本质，寄寓着深切的不平。其艺术构思是别致的。将貌似相同而实具本质差异的事物对比写出，这也是一种反衬手法。

此诗借咏“寒食”写寒士的辛酸，却并不在“贫”字上大作文章。试看晚唐张友正《寒食日献郡守》：“入门堪笑复堪怜，三径苔荒一钓船。惭愧四邻教断火，不知厨里久无烟。”就其从寒食断火逗起贫居无烟、借题发挥而言，艺术构思显有因袭孟诗的痕迹。然而，它言贫之意太切，清点了一番家产不算，刚说“堪笑”、“堪怜”，又道“惭愧”；说罢“断火”，又说“无烟”。词芜句累，且嫌做作。

孟云卿此诗虽写一种悲痛的现实，语气却幽默诙谐。三、四两句似乎是作者自嘲：世人都在为明朝寒食准备熄火，以纪念先贤；可像我这样清贫的寒士，天天过着“寒食”生涯，反倒不必格外费心呢。这种幽默诙谐，是一种苦笑，似轻描淡写，却涉笔成趣，传达出一种攫心的悲哀。

寒食寄京师诸弟

（宋）◎ 韦应物

雨中禁火空斋冷，江上流莺独坐听。把酒看花想诸弟，杜陵寒食草青青。

诗题为“寒食寄京师诸弟”，“空斋”当指衙后的官署，诗当作于作者外任（滁州？江州？都有可能）时。寒食节不举火，加上雨天，官署便显得特别冷清。江上有黄鹂的歌声，当然不会很热闹，“流莺”暗示声音的出处不定，适衬出环境的幽寂，这是要联系上句体会的。为了强调环境的冷清，诗人特别指出，他是“独坐”在听。寒食本来是个祭扫的日子，遇上这样的天气，叫他如何不思念亲人？虽然春花已经开了，怎奈无人共赏；虽然眼前有酒，怎奈无人共享。自然会想起往年寒食在京师过节的情景，少不了的兄弟聚会。兄弟聚会特别有意思，有许多共同的话题，共同的活动。今年寒食呢，京师的诸弟还是要聚会的，只是自己不能参加了。在京师，在杜陵，会是什么天气呢？诸弟是否一同郊游呢，他们一定会说到我，为我的缺席感到遗憾吧。

诗中同一时间，不同空间，有两个寒食节的情景，一是眼前“雨中禁火空斋冷”的情景，一是京师“杜陵寒食草青青”的情景。一是实景，一是猜景。沟通二者的便是亲情，是手足情深，是鹡鸰情深。的确，这首诗与王维《九月九日忆山东兄弟》在写法上有异曲同工之妙。只不过具有寒食节日的特色——雨中、禁火、空斋、江上、流莺、杜陵、草青青。诗中图景是冷调子的，符合寒食节给人的感受，蕴含其间的情意，却是温馨的。

韦应物（737—792？），京兆万年（今陕西西安）人。出身关中望族，玄宗天宝十载（751）以门资恩荫入官为三卫郎。肃宗乾元元年（758）进太学，折节读书。代宗广德元年（763）为洛阳丞。大历九年（774）为京兆府功曹。贞元中曾任左司郎中，世称韦左司。在此前后曾任滁州、江州、苏州刺史，世称韦江州、韦苏州。有《韦苏州集》。

桂州腊夜

（唐）◎戎　昱

坐到三更尽，归仍万里赊。雪声偏傍竹，寒梦不离家。晓角分残漏，孤灯落碎花。二年随骠骑，辛苦向天涯。

戎昱（744？—800？），荆南荆门（今湖北江陵）人。少举进士不第，来往于长安、洛阳、齐赵、泾州、陇西之间。大历元年（766）春经剑门入蜀，次年东下至江陵，荆南节度使卫伯玉辟为从事。建中三年（782）一度为侍御史，次年出为辰州刺史。贞元七年（791）前后任虔州刺史。《全唐诗》存诗1卷。

戎昱是中唐诗人，其诗也具有明显的中唐风格，细密而纤弱。不过这首诗倒好，除夕守岁，思念家乡，有点伤感倒觉有味。桂州即今桂林。当时戎昱在军中（“骠骑”其实是指观察使李昌巙），两年没回家了，除夕之夜感到格外孤独，所以写了这首诗。

整首诗都是写想家，想了一个通宵，刻画得相当细腻。“坐到三更尽”，一入题便是思念，而且已思念到三更天了，手法何等经济！思念也无济于事，家仍然在万里之外，奈何！奈何！这有点夸张。戎昱的家就在湖北，没有一万里，不过写诗是允许夸张的。睡不着，就这么呆坐着，只听得见窗外的竹叶被风雪打得沙沙直响。这很细，也很真。雪是无声的，只因为落在冻硬了的竹叶上，才发出响声。打了几个盹，都是梦见家乡。看！迷迷糊糊的感觉都写出来了。“寒”字用得很有意思：可惜梦太冷了，把我冻醒了。你看这多么新鲜！坐到天亮了，军营中响起了起床号，回头一看，我的灯芯也燃尽了，掉下来几点散碎的灯花。这两个镜头暗合蒙太奇手法，非常精彩。全诗都是静静地刻画，“思念”二字一直没出现，但寂寞和无奈，全都表现出来了，这就是本事。如果通篇都说思念，直是笨拙。

除夕，这是个万家团聚的日子，多么幸福，多么欢乐。可是写欢乐的诗很少有成功的。诗神有怪癖，偏偏钟情于不幸的人。列位，你们打算选择哪一头？

寒　食

（唐）◎ 韩　翃

春城无处不飞花，寒食东风御柳斜。日暮汉宫传蜡烛，轻烟散入五侯家。

韩翃（？—？），字君平，南阳（今河南沁阳）人。“大历十才子”之一。玄宗天宝十三载（754）登进士第。肃宗宝应元年（762）在淄青节度使幕为从事，检校金部员外郎。代宗永泰初归朝，闲居达十年。大历间曾入汴宋节度使幕。德宗建中初（780）授驾部郎中知制诰，终中书舍人。有《韩君平集》。

寒食是我国古代一个传统节日，一般在冬至后一百零五天，清明前一或两天。古人很重视这个节日，按风俗家家禁火，只吃现成食物，故名寒食。由于节当暮春，景物宜人，自唐至宋，寒食便成为游玩的好日子，宋人就说过：“人间佳节唯寒食。”（邵雍）唐代制度，到清明这天，皇帝宣旨取榆柳之火赏赐近臣，以示皇恩。唐代诗人窦叔向有《寒食日恩赐火》诗纪其实：“恩光及小臣，华烛忽惊春。电影随中使，星辉拂路人。幸因榆柳暖，一照草茅贫。”正可与韩翃这首诗参照。

此诗只注重寒食景象的描绘，并无一字涉及评议。第一句就展示出寒食节长安的迷人风光。把春日的长安称为“春城”，造语新颖，富于美感。处处“飞花”，不但写出春天的万紫千红、五彩缤纷，而且确切地表现出寒食的暮春景象。暮春时节，东风中柳絮飞舞，落红无数。不说“处处”而说“无处不”，以双重否定构成肯定，形成强调的语气，表达效果更强烈。“春城无处不飞花”写的是整个长安，下一句则专写皇城风光。既然整个长安充满春意，热闹繁华，皇宫的情景更可以想见了。与第一句一样，这里并未直接写到游春盛况，而只剪取无限风光中风拂“御柳”的一个镜头。当时的风俗，寒食日折柳插门，所以特别写到柳。同时也关照下文“以榆柳之火赐近臣”的意思。

如果说一、二句是对长安寒食风光一般性的描写，那么，三、四句就是这一般景象中的特殊情景了。两联情景有一个时间推移，一、二句写白昼，三、四句写夜晚，“日暮”则是转折。寒食节普天之下一律禁火，唯有得到皇帝许可，“特敕街中许燃烛”（元稹《连昌宫词》），才是例外。除了皇宫，贵近宠臣也可以得到这份恩典。“日暮”两句正是写这种情事，一“传”字，意味着挨个赐予，可见封建等级次第之森严。“轻烟散入”四字，生动描绘出一幅中官走马传烛图。虽然既未写马也未写人，但那袅袅飘散的轻烟，告诉着这一切消息，使人嗅到了那烛烟的气味，听到了那得得的马蹄声，恍如身历其境。同时，自然而然会给人产生一种联想，体会到更多的言外之意。

风光无处不同，家家禁火而汉宫传烛独异，这本身已包含着特权的意味。优先享受到这种特权的，则是“五侯”（诸说不同，一说指东汉桓帝时宦官单超等同日封侯的五人）之家。它使人联想到中唐以后宦官专权的政治弊端。中唐以来，宦官专擅朝政，政治日趋腐败，有如汉末之世。诗中以“汉”代唐，显然暗寓讽谕之情。无怪乎吴乔说：“唐之亡国，由于宦官握兵，实代宗授之以柄。此诗在德宗建中初，只‘五侯’二字见意，唐诗之通于春秋者也。”（《围炉诗话》）

据孟棨《本事诗》，唐德宗曾十分赏识韩翃此诗，为此特赐多年失意的诗人以“驾部郎中知制诰”的显职。由于当时江淮刺史也叫韩翃，德宗特御笔亲书此诗，并批道：“与此韩翃。”成为一时流传的佳话。优秀的文学作品往往“形象大于思想”（高尔基），此诗虽然止于描绘，作者本意也未必在于讥刺，但他抓住的形象本身很典型，因而使读者意会到比作品更多的内容。

新嫁娘词

（唐）◎王　建

三日入厨下，洗手作羹汤。未谙姑食性，先遣小姑尝。

王建（766？—832？），字仲初，颍州（今河南许昌）人。出身寒微，未中进士。早年从军幽州。元和年间官昭应县丞、渭南尉，长庆初由太常寺丞转秘书丞。后官陕州司马。晚年退居咸阳原上。又曾出任光州刺史。与张籍均长乐府诗，时称“张王乐府”。有《王建诗集》。

中唐人以白描写日常生活，往往曲尽人情。朱庆馀《闺意上张水部》写洞房花烛夜后的新嫁娘，令人过目不忘；王建《新嫁娘词》内容如朱诗之续，艺术上亦不相让。

古谓新媳妇难当，在于夫婿之上还有公婆。光夫婿称心还不行，还得婆婆顺眼，第一印象非常重要。古代女子过门第三天（俗称“过三朝”），照例要下厨做菜，这习俗到清代还保持着，《儒林外史》二十七回：“南京的风俗，但凡新媳妇进门，三天就要到厨下去收拾一样菜，发个利市。”画眉入时固然重要，拿味合口则更为要紧。所以新媳妇是有几分忐忑不安的。

“三日入厨下”直赋其事，同时也交代出上述那样一个规定的环境。“洗手”本是操作中无关紧要的程序，写出来就有表现新妇慎重小心的功用——看来她是颇为内行，却分明有几分踌躇。原因很简单：“未谙姑（婆婆）食性。”考虑到“姑食性”的问题，也见得新妇的精细。同样一道羹汤，兴许有说咸，有说淡。这里不仅有个客观好坏标准，还有个主观好恶标准。“知己不知彼”，岂能稳操胜券？看来，她需要参谋。

谁来参谋？夫婿么，在回答母亲食性问题上，也许远不如对“画眉深浅”的问题来得那么叫人放心。女儿才是最体贴娘亲的，女儿的习惯往往来自母亲的习惯，食性亦然。所以新嫁娘找准“小姑”。“味”这东西，说不清而辨得出，不消问而只须请“尝”。小姑小到什么程度不得而知，总未成年，还很稚气。她也许心想尝汤而未敢僭先的，所以新嫂子要“遣”而尝之。姑嫂之间，嫂是尊长。对夫婿要低声问，对小姑则可“遣”矣。情事各别，俱服从于规定情景。可见诗人用字之精确。

诗人写到“尝”字为止，以下的情事，就要由读者去补充了。

早春呈水部张十八员外

（唐）◎ 韩　愈

天街小雨润如酥，草色遥看近却无。最是一年春好处，绝胜烟柳满皇都。

这是一首描写早春美景的风景诗。诗人写这首诗后，即把它寄给了密友张籍，所以诗题叫“早春呈水部张十八员外”（“水部”是张的官职名，即水部郎中的省称，“员外”是定员以外的官员）。

此诗的关键在“早春”二字。诗描绘的不是一般的春景，而是大地春回最初的景象。

春回大地最初的信息是草绿，但草由枯转荣有待春雨的滋润，所以诗的第一句便写到春雨。“天街”指京城的街道，即长安大道，而第四句“皇都”即指长安。春雨有春雨的特点，杜甫诗“随风潜入夜，润物细无声”就是极传神的写照。春雨细密润泽，不像夏日暴雨、秋日淫雨，带来遍地水潦。春雨“湿路不湿衣”，恰好使尘土不飞，空气清澄，给人极舒适、美好的感觉。它又是草木禾苗滋生的生命之水，故农谚说“春雨贵如油”。“天街小雨润如酥”（“酥”即酥油），把握住了春雨的特点。“润如酥”三字，造句自然优美，极可人意。

古代城市不像现在的水泥或柏油路面，而是由一块块石板砌成，小雨一酥，石缝里草根就萌芽，早春草生未密，远看能连成一片绿意，近看只是石板。“草色遥看近却无”一句，状难写之景如在目前，又如画家设色，在有无之间。

一、二句是描写早春美景，三、四句因而对此美景加以品评和抒情。诗人别具慧心地说，一年之计在于春，而一春最美好的景致则莫过于早春了，早春景物给人的美感是这样强烈，以至远远胜过“烟柳满皇都”的春深时节。人们

韩愈（768—824），字退之，河南河阳（今河南孟县）人，郡望昌黎。德宗贞元八年（792）登进士第，任节度推官，其后任监察御史等职。十九年因触怒权臣，贬阳山令。宪宗即位，量移江陵府法曹参军。元和元年（806）召拜国子博士。十二年从裴度讨淮西有功，升任刑部侍郎。十四年谏迎佛骨，贬潮州刺史。次年穆宗即位，召拜国子祭酒。长庆二年（822）转吏部侍郎、京兆尹。卒谥文。有《昌黎先生集》。

对自然界景物之美的感受虽然大致不差，但感受的深浅、强弱，却是有差异的。而诗人的感觉总比一般人敏锐、丰富，所以常常能感到并道出常人未曾深切感到、或感到而不能道出的东西。

碧柳如烟、花香鸟语的明丽春光是人人喜爱的，但从早春的草色中发现强烈的、胜似春深的美，就必须有对生活、对景物更深一层的感受，换句话说，要独具只眼。韩愈抓住了隆冬刚刚过尽，春天的生机刚刚透出的那一时景物给人最新鲜、美好的感觉予以抒写，正因为它新鲜，所以给人的感受强烈。新生小草的萌芽，不但很美，而且还宣告着残冬的过去，预示着美好的前景。而“烟柳满皇都”时的春意虽盛，却不会有早春那种新鲜感，跟着来的将是春意阑珊。也许这种种原因，才使诗人对早春景色特别喜爱。

形象的个性是构成艺术典型不可缺少的重要因素，是作品的生命。别具会心，实际上也就是创作个性化的一种表现。宋代苏东坡绝句云：“荷尽已无擎雨盖，菊残犹有傲霜枝。一年好景君须记，最是橙黄橘绿时。”诗写初冬的景色，荷尽菊残，却并不煞风景；橙黄橘绿，别有一番景致。称之为一年好景在深秋，与此诗有异曲同工之妙。

晚　春

（唐）◎韩　愈

草树知春不久归，百般红紫斗芳菲。杨花榆荚无才思，惟解漫天作雪飞。

《晚春》是韩诗颇富奇趣的小品，然而，对诗意的理解却诸说不一。

题一作"游城南晚春"，可知诗中所描写的乃郊游即目所见。乍看来，只是一幅百卉千花争奇斗艳的"群芳谱"：春将归去，似乎所有草本与木本植物都探得了这个消息而想要留住她，各自使出浑身招数，吐艳争芳，一刹时万紫千红，繁花似锦。可笑那本来乏色少香的柳絮、榆荚也不甘寂寞，来凑热闹，因风起舞，化作雪飞。寥寥数笔，就给读者以满眼风光的印象。

此诗生动的效果与拟人化的手法大有关系。"草树"本属无情物，竟然能"知"能"解"还能"斗"，尤其是彼此竟有"才思"高下之分，着想之奇是前此诗中罕见的。最奇的还在于"无才思"三字造成末二句费人咀嚼，若可解若不可解，引起见仁见智之说。有人认为那是劝人珍惜光阴，抓紧勤学，以免如"杨花榆荚"白首无成；有的从中看到谐趣，以为是故意嘲弄"杨花榆荚"没有红紫美艳的花，一如人之无才华，写不出有文采的篇章；还有人干脆存疑："玩三四两句，诗人似有所讽，但不知究何所指。"姑不论诸说各得诗意几分，仅就其解会之歧异，就可看出此诗确乎奇之又奇。

清人朱彝尊说："此意作何解？然情景只是如此。"此言虽未破的，却不乏见地。作者写诗的灵感是由晚春风光直接触发的，因而"情景只是如此"。不过，他不仅看到这"情景"之美，而且若有所悟，方才做入"无才思"的奇语，当有所寄寓。

"杨花榆荚"，固少色泽香味，比"百般红紫"大为逊色。笑它"惟解漫天作雪飞"，确带几分揶揄的意味。然而，若就此从这幅晚春图中抹去这星星点点的白

色，你不觉得小有缺憾么？即使作为“红紫”的陪衬，那“雪”点也似是不可少的。再说，谢道韫咏雪以“柳絮因风起”，自古称美；作者亦有句云：“白雪却嫌春色晚，故穿庭树作飞花。”（《春雪》）雪如杨花很美，杨花如雪又何尝不美？更何况这如雪的杨花，乃是晚春具有特征性景物之一，没有它，也就失却晚春之所以为晚春了。可见诗人拈出“杨花榆荚”未必只是揶揄，其中应有怜惜之意的。尤当看到，“杨花榆荚”不因“无才思”而藏拙，不畏“班门弄斧”之讥，避短用长，争鸣争放，为“晚春”添色。正是“柳丝榆荚自芳菲，不管桃飘与李飞”（《红楼梦》黛玉《葬花词》），这勇气岂不可爱？

如果说诗有寓意，就应当是其中所含的一种生活哲理。从韩愈生平为人来说，他既是“文起八代之衰”的宗师，又是力矫元和轻熟诗风的奇险诗派的开派人物，颇具胆力。他能欣赏“杨花榆荚”的勇气不为无因。他除了自己在群芳斗艳的元和诗坛独树一帜外，还极力称扬当时不为人重视的孟郊、贾岛，这二人的奇僻瘦硬的诗风也是当时诗坛的别调，不也属于“杨花榆荚”之列么？由此可见，韩愈对他所创造的“杨花榆荚”形象，未必不带同情，未必是一味挖苦。甚而可以说，诗人是以此鼓励“无才思”者敢于创造。诗人对“杨花榆荚”是爱而知其丑，所以嘲戏半假半真、亦庄亦谐。他并非存心托讽，而是观杨花飞舞而忽有所触，随寄一点幽默的情趣罢了。

钱塘湖春行

（唐）◎白居易

孤山寺北贾亭西，水面初平云脚低。几处早莺争暖树，谁家新燕啄春泥。乱花渐欲迷人眼，浅草才能没马蹄。最爱湖东行不足，绿杨阴里白沙堤。

白居易（772—846），字乐天，晚号香山居士，又号醉吟先生，下邽（今陕西渭南）人。先世本龟兹人，汉时赐姓白氏。德宗贞元十六年（800）登进士第，十九年中书判拔萃科，授秘书省校书郎。宪宗元和十年（815）一度被贬江州司马。晚年以太子宾客分司东都，武宗会昌二年（842）以刑部侍郎致仕。有《白居易集》（《白氏文集》）。

作于长庆三年（823）杭州刺史任上。“钱塘湖”乃西湖别名，诗写湖上看到的早春景色。

首联点“钱塘湖”。孤山在后湖与外湖之间，其上有寺，是湖中登览胜地；贾亭即贾公亭，为贞元时杭州刺史贾全所建，亦当时名胜。“孤山寺北贾亭西”，即以湖上景点点出西湖，亦暗示春游路线是由湖西北向湖东行进。“初平”谓春水新涨，在水色天光的混茫中，地平线上的白云与湖中倒影连成一片，是谓“云脚低”。

中两联赋写湖上早春景色。三、四句通过莺歌燕舞的描写，表现早春大自然刚从沉睡中苏醒过来时的活力，“早”、“新” 是句中之眼，“争树” 栖息、“啄泥”构巢，是鸟儿在早春、新春的活动。说“几处”，不是处处，说“谁家”，不是家家，然而也非一处一家，无不是表现早、新的诗意。可与谢灵运“池塘生春草，园柳变鸣禽”之句比美。

五、六句通过花草的生发，表现方兴未艾的盎然春意。“乱花”、“浅草”、“渐欲”、“才能”，下字极有分寸，虽然草生未密，花未开繁，但都保持着旺盛的长势，显示出蓬蓬勃勃的春意，正在急剧发展之中，十分喜人。与韩愈“天街小雨润如酥，草色遥看近却无”，同属写早春景色的名句，不过白诗中春色更深一些。

末联点出湖东春色最好处，即烟柳笼罩下的白堤（又称沙堤、白沙堤或断桥堤，后世误传为白氏所筑）。盖西湖三面环山，白堤中贯，总揽全湖之胜，故云。诗用白描手法叙写景物，多用勾勒字面，“初平”、“几处”、“谁家”、“渐欲”、“才能”意脉相贯，紧扣湖面早春气象，观察细致，描写准确。全诗笔触舒展流畅，风格清新明快，在唐人七律中创出平易近人一格。

邯郸冬至夜思家

（唐）◎ 白居易

邯郸驿里逢冬至，抱膝灯前影伴身。想得家中夜深坐，还应说着远游人。

农历十一月二十二日，是二十四节气的冬至。我国古代对冬至甚为重视，有“冬至大如年”的说法。《汉书》中说：“冬至阳气起，君道长，故贺。”——过了冬至，白昼一天比一天长，阳气回升，是一个节气循环的开始，也是一个吉日，应该庆贺。《晋书》有“魏晋冬至日受万国及百僚称贺……其仪亚于正旦”的记载，可见人们对冬至的重视。至今，有一些地方还把冬至作为一个节日来过。

有一个冬至，作者是在邯郸（今属河北）的旅舍中度过的。他远游尚未到达目的地，投宿在驿站。长途旅行不免困乏，到驿站，住在陌生的环境，听到的是异乡的方音，不免增添了对故乡亲友的思念。过了秋分，夜晚的时间一天天增长，而这个增长的极限则在冬至之夜。

然而，人们通常是不大注意这种渐进的变化的，但旅途思家、难以成眠的游

子，对这一点却很敏感。他越是不能入睡，便越觉冬夜漫漫，于是想到这“冬至”，这一夜是多么难熬呵！其实，至夜之长客观上是有限的，而作怪的是诗人的主观思想感情，俗话说愁人觉夜长，碰巧是冬至之夜，更大大增加了冬夜漫长之感。辗转反侧难以成眠，茫然若失的心情越来越重。屋子里一盏孤灯、四面墙壁，使他感到十分孤单。但诗人并不直说孤单，却用“影伴身”的说法曲折表达出这层意思。写“伴”，却是与影为伴，更加显出“无伴”的寂寞。

在这样凄清孤寂的环境中，游子自然会想家，想亲人，这层意思，诗人也没有直说，而用家人深夜念叨着自己的想象来表现。由自己的夜深不寐，推想家人夜深不寐；由自己思家推想家人同样在思念自己。这样写把思家的情绪表达得更深、更迫切，表现出亲人之间那种心心相印的深厚感情。

这种表现手法，最早可以追溯至《诗经·陟岵》，诗中写征人思家，而想象亲人念叨自己。唐诗中这种手法运用得更多。白居易多次运用这种手法，如《初与元九别忽梦见之及寤而书忽至》“以我今朝意，想君此夜心”，《江楼月》“谁料江边怀我夜，正当池畔思君时”，《望驿召》“两处春光月日尽，居人思客客思家”，《客上守岁在柳家庄》“故乡今夜里，应念未归人”等等。

其他诗人如杜甫的《月夜》，由自己望月想到妻子望月思念自己，是通过“遥怜小儿女，未解忆长安”来衬托的；王维《九月九日忆山东兄弟》，由自己思念兄弟想到兄弟思念自己，是通过“遍插茱萸少一人”的富有特色的场面表达的。白居易此诗，则是通过揣想家人围炉谈说远游人情景表现的。它们有共同处，但各从生活真实中得来，并无雷同因袭之感。

幼女词

（唐）◎ 施肩吾

幼女才六岁，未知巧与拙。向夜在堂前，学人拜新月。

施肩吾，生卒年不详，字希圣，号栖真子，睦州分水（今浙江桐庐）人。曾寓居吴兴（今浙江湖州）、武进（今属江苏）。宪宗元和十五年（820）登进士第，不待除授即离京东归，栖居洪州（今江西南昌）西山而终。《全唐诗》存诗1卷。

此诗七夕作。施肩吾在诗中不止一次提到他有个小女儿，“姊妹无多兄弟少，举家钟爱年最小。有时绕树山雀飞，贪看不待画眉了。”（《效古词》）而这首《幼女词》更是含蓄兼有风趣。

一开始就着力写幼女之“幼”，“才六岁”，说“才”不说“已”，意谓还小着呢。再就智力说，尚“未知巧与拙”。这话除表明“幼”外，更有多重意味。表面是说她分不清“巧”、“拙”概念，其实也意味不免常常弄“巧”成“拙”。比方说，会干出“浓朱衍丹唇，黄吻烂漫赤”（左思），“移时施朱铅，狼藉画眉阔”（杜甫）一类令人哭笑不得的事。此外，“巧拙”实偏义于“巧”，暗关末句“拜新月”事。当把二者联系起来，就意会这是在七夕，如同目睹的“乞巧”场面：“七夕今宵看碧霄，牵牛织女渡河桥。家家乞巧望秋月，穿尽红丝几万条。”（林杰《乞巧》）诗中并没有对人物往事及活动场景作任何叙写，由于巧下一字，就令人想象无穷，收到含蓄之效。

前两句刻画女孩的幼稚之后，末二句就集中于一件情事。在这牛郎织女相会，人间少女、少妇对月引线穿针乞愿心灵手巧之夜，小女孩干什么呢？她郑重其事地在堂前学着大人“拜新月”呢。读到这里，令人忍俊不禁。“开帘见新月，即便下阶拜”的少女拜月，意在乞巧，而这位“才六岁”的乳臭未干的小女孩拜月，是“不知巧”而乞之，是小孩子过家家或办姑姑筵，煞有介事，“与‘细语人不闻’（李端《拜新月》）情事各别”（沈德潜）啊。尽管作者叙述的语气客观，但“学人”二字传达的语义却是揶揄的。小女孩拜月，形式是成年的，内容却是幼稚的，这形成一个冲突，幽默之感即由此产生。小女孩越是弄“巧”学人，便越发不能藏“拙”。这个“小大人”的形象逗人而有趣，纯真而可爱。

左思《娇女诗》用铺张的笔墨描写了两个小女孩的种种天真情事，颇能穷形尽态。而五绝容不得铺叙。如果把左诗比作画中工笔，则此诗就是画中速写，它删繁就简，削多成一，集中笔墨，只就一件情事写来，以概见幼女的全部天真，甚至勾画出了一幅笔致幽默、妙趣横生的风俗小品画，显示出作者白描手段的高超。

九日齐山登高

(唐)◎杜　牧

江涵秋影雁初飞，与客携壶上翠微。尘世难逢开口笑，菊花须插满头归。但将酩酊酬佳节，不用登临恨落晖。古往今来只如此，牛山何必独沾衣?

杜牧(803—852)，字牧之，京兆万年(今陕西西安)人。宰相杜佑之孙。文宗大和二年(828)登进士第，登贤良方正能直言极谏科，授弘文馆校书郎。同年应沈传师之辟，为江西团练巡官，后随沈赴宣州。七年应牛僧孺之辟，在扬州任淮南节度府推官，转掌书记。九年回京任监察御史，后分司东都。开成中回京任左补阙，转膳部、比部员外郎，皆兼史职。武宗会昌二年(842)后出为黄州、池州、睦州等地刺史。宣宗大中二年(848)擢司勋员外郎，转吏部员外郎，四年复守池州。五年入为考功员外郎、知制诰，次年为中书舍人。有《杜樊川集》(《樊川文集》)。

此诗作于武宗会昌五年(845)重阳，时任池州刺史。齐山(一作齐安，即黄州郡名，误)在州城南三里许。时张祜来池州相探，诗中“客”即指张，后张亦有《和杜牧之齐山登高》之作。

首联即点题，据宋周必大《九华山录》云，池州齐山山脚插入清溪，清溪直接大江，山巅有翠微亭(按“翠微”即山之借代语)。“江涵秋影”四字妙传江水之清，“秋影”包容甚广，不独指雁影也。“与客携壶”是置酒会友，兼之有山有水，是人生乐事矣。按诗人由黄州调任池州，以地僻人稀，心境并不愉快。张祜较杜牧年长而诗名早著，由于受到元稹的排抑未能见用于时。张祜对杜牧神交既久，杜牧对张祜复怀同情，张祜的到来便给杜牧不少慰藉。中间两联写当日登山之乐，捎带出随缘自适之生活哲学。三、四句为唐诗名句，谓人生难得开心，不妨开怀大笑，也不妨潇洒一回——休问你我年纪如何，今日须插满头菊花而归。五、六句进一步发挥“难逢”、“须插”之意，谓应把握当前及时行乐，不要无益地痛惜流光。要之，数句既是当日登山情事的记录，又不局限当日情事，而融入了诗人的生活经历，表现了一种通达的生活态度，故能传诵人口。

末联承上“登临恨落晖”意，举出齐景公的反例作结，《晏子春秋》载：“景公游于牛山(在临淄南)，北临其国城而流涕曰：‘若何滂滂去此而死乎?’”诗人对齐景公在死亡面前表现出来的畏惧心理不以为然，他实际上已意识到生命之流是一个自然的过程，既然“古往今来只如此”，那还有什么理由不抓住当前的生活，而为将来的物化惴惴其栗，可怜虫般作向隅泣呢?联系到诗人《送隐者》“无媒径路草萧萧，自古云林远市朝。公道世间唯白发，贵人头上不曾饶”，我们不难体味这种旷怀中包含着一种苦涩的潜意识，即因痛恨世间的不公道，转而平和地看待死亡，认为它是一种自然公道的结局。这就是所谓抑塞之怀，出以旷达。

清　明

（唐）◎杜　牧

清明时节雨纷纷，路上行人欲断魂。借问酒家何处有，牧童遥指杏花村。

清明是我国最重要的传统节日之一，也是祭祖和扫墓的日子。按照旧的习俗，扫墓时，人们要携带酒食果品、纸钱等物品到墓地，将食物供祭在亲人墓前，再将纸钱焚化，为坟墓培上新土，折几枝嫩绿的新枝插在坟上，然后叩头行礼祭拜，最后吃掉酒食回家。清明节，又叫踏青节，其时在阳历四月上旬，春光明媚，草木生长，是人们郊游的好时光，所以古人有清明踏青的习俗。

杜牧此诗是一首富于生活情趣的小诗，有人说后两句的妙处，在于那牧童的一指，如《小放牛》之舞蹈动作，以至连音乐都似乎听到了。也不能说全无是处，然如参以生活经验，便可体会此诗之妙，在拈出清明佳节忽来的阵雨中之一幅风俗画。

杜甫《清明》写时俗道："著处繁华矜是日，长沙千人万人出。"所谓"路上行人"，乃郊游踏青者。因先前晴明，故未带雨具。"春天孩儿面，一天变三变"，忽遇阵雨，行人衣裳沾湿，故狼狈不堪，致"欲断魂"。故欲寻酒家避雨祛寒。"酒家何处"，唯当地人知之，牧童便是路上偶逢的一个。这牧童想必也是带雨鞭牛还家的，哪有许多闲工夫回答路人的询问，故只将鞭一指远处杏花林边的帘招，算是回答。

全诗之妙，正在于画出了这样一幅富于情节性的"雨中问津图"。

访　秋

（唐）◎ 李商隐

酒薄吹还醒，楼危望已穷。江皋当落日，帆席见归风。烟带龙潭白，霞分鸟道红。殷勤报秋意，只是有丹枫。

李商隐（813—858），字义山，号玉溪生。祖籍怀州河内（今河南沁阳），自祖父起迁居郑州（今属河南）。九岁丧父，从堂叔学习古文。大和三年（829）为令狐楚辟为幕僚。开成二年（837）登进士第。三年入泾原节度使王茂元幕，且入赘王家。为牛党中人所忌，致使仕途蹭蹬，长期辗转于幕府。有《李义山集》。

此诗作于大中元年（847）秋天，李商隐时年35岁。这一年，牛党进一步排挤李党，李党在朝廷中的给事中郑亚被外放为桂管防御观察使（治桂州，即今广西桂林市），李商隐被郑亚聘为幕中掌书记，五月到达桂州。诗人此次南行，家眷留于长安，远道间关，孑然一身，不无孤独之感；加之政治上受到排挤，情绪忧伤。这首《访秋》，就隐含着作者的这种心情。诗意深曲含蕴，意脉不露，耐人咀嚼。

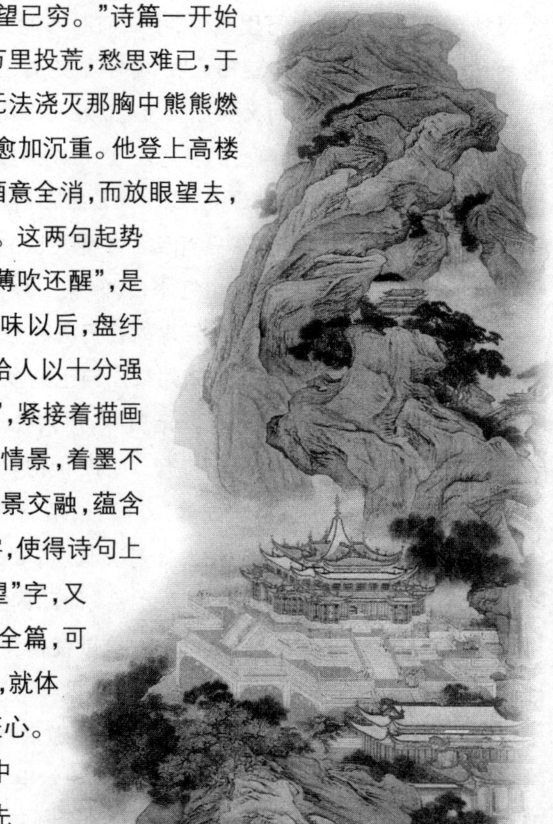

首联：“酒薄吹还醒，楼危望已穷。”诗篇一开始就蕴含着深沉的愁苦。诗人万里投荒，愁思难已，于是借酒浇愁，谁知酒味淡薄，无法浇灭那胸中熊熊燃烧的思家念国之火，愁思反而愈加沉重。他登上高楼遥望北方的家乡，西风吹来，酒意全消，而放眼望去，故园杳不可见，心情更加郁闷。这两句起势陡健，发唱警挺。劈头一句“酒薄吹还醒”，是经过长久的离别，尝尽愁苦滋味以后，盘纡于胸中的感情的猛然倾泻，给人以十分强烈的感染。次句“楼危望已穷”，紧接着描画出诗人登临极目，北望乡关的情景，着墨不多，却鲜明如在目前。两句情景交融，蕴含着深厚的诗意；“还”字、“已”字，使得诗句上下紧密联系，曲折起伏。而“望”字，又点明了诗题中的“访”，并领起全篇，可谓一诗之“眼”。从开始两句中，就体现出了诗人精心安排的艺术匠心。

中间两联，就是诗人望中所见，而见中又寓所感。诗人先是使用反衬手法，通过落日归帆的景象，来表现自己有家难归的苦闷。“江皋当落日，帆席见归风”，诗人纵目望去，落日

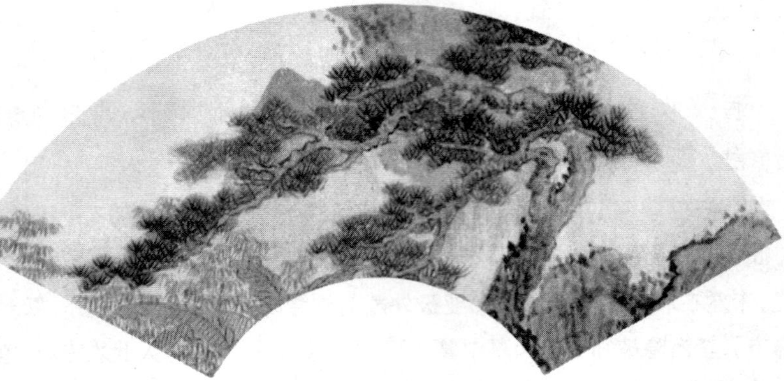

的余晖正照在江岸上，江中归船的帆席鼓满西风，正在轻快地驶回。见此情景，诗人想到自己的家乡远在万里之外，不知何时才能归去，当此西风落日之际，家中的妻儿说不定正在急切盼望自己呢，心中不免涌起异乡作客的惆怅。通过反衬，思乡之情被表现得曲折而又强烈。接着，诗人又换用烘染的手法，通过对龙潭鸟道的描写，来进一步暗示自己的乡思。“烟带龙潭白，霞分鸟道红”，是说渐起的暮霭，有如轻纱般地笼罩在龙潭上，潭水一片银白（桂林附近有“白石湫”，俗名白石潭，龙潭乃其别称）；余霞照在只有鸟儿才能飞过的高峻的山上，山山岭岭被映成一片红色。这两句初看起来，山红水白，好像一片美景，但仔细品味，却不难发现包孕其中的异乡情调，以及客居异地时在日暮时分很容易勾起的乡国之思。作者巧妙地用具有桂州特点的景色，来烘染出自己的乡思，隐而不显，含蕴深沉。这两联描写景物十分形象生动，但又简洁凝练，原因在于作者善于选取典型物象。前一联只用“江皋”、“落日”、“帆席”、“归风”四种物象，就生动地画出了一幅落日归帆图；后一联也仅采用“烟”、“龙潭”、“霞”、“鸟道”四种物象，就组成了一幅桂州山水画，笔墨经济，画意浓郁，使人如身临其境。每两种物象中用动词联结，互相映带，交织融会，顿然产生活泼生动之感。而动词的安排，前一联的“当”、“见”在第三字，后一联的“带”、“分”在第二字，这就使得诗句在节奏上发生变化，读来顿挫起伏，别具一种抑扬跌宕的声情美。

最后一联：“殷勤报秋意，只是有丹枫。”缴清题目《访秋》，含蕴地表露出思乡的急切心情。诗人因为思乡，连北方的秋色也觉得可爱，所以要登楼寻访秋意。然而，因为“桂州地暖无秋色”（《桂州路中作》），登楼而访，却望不见往年习见的北方的美好秋色，心情怎不格外怅惘？而此时此地，那殷勤地报告秋意的，只有一树树火红的枫树，给人一点点难得的慰藉。诗人用“殷勤”和“报”，将枫树人格化，在一片苍茫寥落中，特别报告了令人忆念而寻访的秋意，显得多么富有深情！而“只是”二字，一方面真实地写出了桂州地暖的自然特点，另一方面也婉转地表示出作者在桂州的孤独处境和落寞情怀，那人与人之间的隔膜，远不如看似无情实有情的丹枫亲近。作者在异乡的艰难，以及由此而产生的思乡之念，在这里表达得更为曲折深沉。最后一联，字字浸透着作者的思乡之泪，那火红的丹枫，又给人留下想象的余地，令人回味无尽。

诗题《访秋》，而全诗通过形象的景物描写，婉曲深沉地表达出无穷的乡思，这已是一层曲折。中间各联在具体的描写中，又起伏变化，峰回路转，用笔极尽曲折之妙。虽然如此，但全诗并没有那种过分渺茫和无从捉摸的感觉，而是有消息可寻的，含蓄而不晦涩。全诗紧扣"望"字，笔不旁骛，蝉联而下，在婉转曲折中又显得流畅自然，读来一气贯注，天然浑成。诗篇开始以精切的对句起笔，最后以散句作结，在精整中不乏自然之姿，在谨严中留下不尽的余响，耐人寻味。秦似说："李商隐诗，佳品如红樱桃，灿然夺目；劣品如生芭蕉，味涩肉硬，不能下喉。"（见《两间居诗词丛话》）这首《访秋》，可谓李诗中的佳品，真如一颗玲珑鲜活的"红樱桃"。

除　夜

（唐）◎来　鹄

事关休戚已成空，万里相思一夜中。愁到晓鸡声绝后，又将憔悴见春风。

来鹄（?—883），一作来鹏，唐豫章（今江西南昌）人。尝自称"乡校小臣"，屡举进士不第。有《来鹄诗》。

《诗经·唐风·蟋蟀》有言："蟋蟀在堂，岁聿其莫。今我不乐，岁月其除。"说蟋蟀在堂时，即是除岁迎新之际，劳苦了一年，当此应纵情欢乐，否则岁月将舍我而去。但欢度佳节的心思不是每个人都有福气拥有的，这首诗讲的就是一个例外。来鹄隐居山泽，家贫，工诗，曾自称"乡校小臣"。才思满怀却屡试落第，只得辗转漂泊。独在异乡为异客，每逢佳节倍思亲。羁旅之人看着别家团圆，愈显自己身世飘零，凄凉之情倍增。

诗题点明时间。愁情大约每人都会有，然在充满欢乐气氛的除夕夜都能生出愁情，可见此人是愁到一定地步了。"事关休戚"，那些曾经让诗人爱过笑过痛过哭过的往事如今都已消散，幻化成空了。次句相思前冠以"万里"二字，将无限的思情与故乡的空间阻隔相对应，故乡遥遥难期，相思无涯难捱，两者交相呼应，同处于除夕"一夜中"的时间间隔中，无限与有限相对，效果更添一倍。同时，"万里"还将抽象的情思具象化，使人想见相思如丝，绵延万里，有着意外的夸张效果。

除夕有守岁的习惯，人们点起蜡烛或油灯，通宵守夜，象征着把一切邪瘟病疫照跑驱走，迎来新一年的吉祥好运，本为祈福之意。此处诗人却说"愁到"天明，面对即将到来的新年，诗人没有喜悦，而是喟叹："像我这种落魄之人，一事无成，即使明日春风对我又有什么意义，不过是又一个落魄之年的开端而已。"看不到来年的希望，所以诗人唯以"憔悴"相对。

史载福建观察使韦岫看上了来鹄的才华，曾想纳其为婿，未成。究其原因不可得，但来鹄的的确确是错过了一次腾达的机会。他后来躲避战乱，客死扬州，是个不折不扣的"漂族"，来鹄曾作《闻蝉》一诗说"莫道闻时总惆怅，有愁人有不愁人"，其言甚是。除岁佳夜，无愁之人欢庆，诗人满腹乡情，故以"愁"贯穿全诗始终：首句称万事成空是愁，次句说万里相思是愁，三句叙枯坐守岁是愁，末句言憔悴迎新也是愁。

寒食日重游李氏园亭有怀

（唐）◎韩　偓

往年同在鸾桥上，见倚朱阑咏柳绵。今日独来香径里，更无人迹有苔钱。伤心阔别三千里，屈指思量四五年。料得他乡遇佳节，亦应怀抱暗凄然。

韩偓（844—923），字致尧，一作致光，小名冬郎，号玉山樵人。京兆万年（今陕西西安）人。昭宗龙纪元年（889）登进士第。官至中书舍人、吏部侍郎。《玉山樵人集。

这首诗以怅惘伤感的心情，借寒食节游园，追忆了几年前与一位女子相会时的温馨缠绵，对于早已天各一方的情人表示了深切的怀念。寒食这一天，传统风俗是折柳条插在门上、屋檐上，叫做“明眼”；男女成人举行冠礼、笄礼，也在这一天。所以，寒食节容易产生对亲朋故旧和情人的怀念。可以想见，多情的诗人在这一天，难以平息自己思念的心潮，于是特地来到李氏园亭中，来深情地追思那梦牵魂绕的情人。从诗题中，已经隐隐透出了伤感、追怀的意味，也为全诗定下了基调。

诗歌一开始，就无限深情地追怀往年与情人在园中相会时的缠绵柔情。首句点明了相会的地点，是在园中“鸾桥”上。桥以鸾为名，盖有深意存焉。这里暗用了南朝宋人范泰《鸾鸟诗序》中的故事：传说古代有一只鸾鸟（神话中凤凰一类的鸟）被捉，因为失偶而三年不鸣，后于镜中自顾身影，哀鸣而死。鸾凤和鸣，后遂成为男女相会的典故。这里，男女“同在鸾桥上”，一个“同”字，把相亲相爱之情，相依相偎之态，曲曲传出。那时，这位女子正斜靠在红色的桥栏上，与诗人一道歌咏

柳絮。这里也暗用了《世说新语·言语》中的故事：东晋宰相谢安的侄女谢道韫，咏雪以柳絮相比拟，博得谢安称赏，后因用作女子赋诗的典故。这两句看似极为自然，漫不经意，但却在短短十四个字中，包蕴了丰富的内容。在这样美好的环境中，与这样一位美慧可人的女子相会，怎能不让人永远追念，而留下甜蜜的记忆呢？这一联极写与女子相会时的柔情蜜意，并且置于篇首，与以下几联追思往事时的伤感，形成了有力的反衬。

第二、三联，正面写出了诗人此日游园的凄凉和思念的愁苦。作者独自一人，在园中长满香花美草的小路上踽踽而行，“独”字与首句“同”字形成对比，孤独之情自见。当日斜靠朱栏咏柳绵之人何在？已经杳无踪迹，只有满地青苔，显出满目凄凉。在这般凄冷的寒食节追思往事，难怪作者要格外伤心了。然而路远三千，关山阻隔，音问难通，又哪里能知道她的境况呢？屈指算来，一晃四五年过去了，真是往事如烟、人生若梦啊！“屈指思量”四个字，十分传神，它仿佛使我们看到一个满怀愁苦的男子，正在园中寻寻觅觅地踯躅，悲悲切切地扳着指头思量。这与第一联中同在鸾桥咏柳绵的情景相比，那时兴高采烈、欢愉快乐的情绪，此刻早已消失殆尽，只剩下孤零零、凄惨惨的一人，益发显得悲苦不堪了。这两联明白如话，若道家常，但经第一联的反衬，意思仍然十分婉曲、深厚。

最后一联，又出人意外，结得不同一般。如果按二、三联的思路顺势而下，则最后一联仍应写作者自己游园如何凄苦，然而现在却笔锋一转，将重心放在了那位倚栏咏柳絮的人身上了。诗人料定，那位远在他乡的多情的女子，在这寒食佳节之时，也在思念自己而满怀凄然。这里一个“暗”字值得玩索。为什么要暗中凄然而不能公开表白呢？显然他们过去是在暗中相爱，不敢公开；后来，这段未能成熟的姻缘终于被拆散，大家各自怀着一腔难以言传的幽怨，而分处海角天涯了。那憋在心中不能倾倒的苦水，四五年来，一直煎熬着那位女子的心，她该有多么痛苦、多么憔悴！最后一联回应篇首，与那位美慧的女子形成对比，往日无忧无虑的她，如今想来是凄然、憔悴了，那分离的愁绪，真是苦不堪言啊！同时，透过一层，从女子思念自己，来更深地体现自己对那位女子的思念，这就避免了一般化的写法，显得更为婉曲深沉。从情感逻辑上说，也与第六句的“屈指思量”暗通关钮，将思量之情写清，充分地表现出无穷的怀念之意。

这首诗在结构上很谨严，特别是使用反衬、透过一层等手法，使得全诗天然浑成而又顿挫跌宕，在曲折变化中把思念的情怀写得淋漓尽致。在语言上，除“鸾桥”、“咏柳绵”是用典外，其他基本上是平常习惯用语，显得平易亲切，明白晓畅，但仔细咀嚼，其中遣词用字又十分精切，虽经雕琢，却不失天然本色。这些，都体现出韩偓诗的固有特色。

七 夕

（五代）◎ 杨 璞

未会牵牛意若何，须邀织女弄金梭。年年乞与人间巧，不道人间巧已多。

杨璞（？—？），生平未详。

在我国，农历七月初七的夜晚就是人们俗称的七夕节，相传天上织女牛郎每年一度的相会即在此时，因此七夕坐看牵牛织女星就成了一种习俗。

相传织女在天上是专司织造云霞的仙女，所以被视作心灵手巧、聪慧美丽。凡间的妇女在这天晚上要摆上时令瓜果，朝天祭拜，乞求织女赋予她们聪慧的心灵和灵巧的双手，让自己的针织女红技法娴熟，因此七夕节又称“乞巧节”、“女儿节”。《孔雀东南飞》里刘兰芝告别小姑时说：“初七及下九，嬉戏莫相忘。”从此句可看出七夕应算是过去姑娘们极为重视的日子。

七夕可谓是中国传统节日中最具浪漫色彩的一个，这个节日里妇女活动的一项内容是乞巧——“家人竟喜开妆镜，月下穿针拜九霄”、“不知谁得巧，明旦试相看”都是描述妇女乞巧斗巧情形的佳句。但杨璞此诗却以不以为然的口气，对此质疑道：“年年乞与人间巧，不道人间巧已多。”

显然，作者这话并不是指对人间小儿女而言的，诗中所谓的“巧”，应是杜诗中所说的“二年客东都，所历厌机巧”（《赠李白》）的“机巧”，首先是针对官场，其次是针对小市民社会而言的，因为在那些场合充斥着明争暗斗、尔虞我诈，用《红楼梦》的话说：坐山观虎斗、借剑杀人、嘴甜心苦、两面三刀、引风吹火、站干岸儿、推倒油瓶不扶，是全挂子的武艺。所以这首诗是借题发挥，针砭时弊。今人说，灌水要有新思路，抬杠要有新招数。此诗别出心裁，剑走偏锋，从艺术上看也有新意。

清　明

（宋）◎ 王禹偁

无花无酒过清明，兴味萧然似野僧。昨日邻家乞新火，晓窗分与读书灯。

王禹偁（954—1001），字元之，济州巨野（今属山东）人。世代务农。太平兴国八年（983）进士。历任右拾遗、翰林学士、知制诰。遇事敢言，屡以事贬官。真宗时，预修《太祖实录》，直书史事，为宰相不满，降知黄州。后迁蕲州，病卒。有《小畜集》。

清明的节日含义相传源于春秋，据说晋文公为逼介子推出山，火烧介山，却发现介子推和他的老母亲抱着一棵烧焦的柳树死去。懊悔万分的晋文公在次年带着大臣们到介山祭奠，发现烧焦的柳树竟然复活了，于是晋文公为柳树赐名"清明柳"，把这个日子定为"清明节"。同时，"清明"又是节气，谚云"清明前后，种瓜点豆"、"清明谷雨紧相连，浸种春耕莫迟延"，都是就节气而言。

随着历史的发展，清明节开始逐渐增加了馈宴、赏花、斗鸡、秋千、品茶等诸多娱乐活动，越来越热闹，有诗为证："东风时节近清明，车马争来满禁城"、"雨洗清明万象鲜，满城车马簇红筵"。而在这些娱乐活动中，赏花、饮酒是重头戏，如白居易的"惜花邀客赏，劝酒促歌声。共醉移芳席，留欢闭暮城。"但诗中书生既无花又无酒，冷清寂寞得有如野庙里的穷和尚。

从"昨日邻家乞新火"看，诗应写于清明次日。寒食节在清明节前一天，按照习俗，寒食节当天要禁火禁烟，只进冷食，次日再重新取火。诗人依民间风俗过了寒食节，因而在寒食节次日需取新火，而向"邻家乞火"是在"昨日"——即清明早晨，所以"今日"应是清明次日。

全诗紧紧围绕"清明"展开，生活气息较浓：别家过清明热热闹闹，而诗人却无花无酒，形似穷僧，勉强遵照习俗度过寒食节，次日屋内清冷如野庙，毫无过节气氛，于是书生倍感兴味索然，一大早就向邻家讨来新火，点亮油灯，苦读诗书。过节不遵习俗，原因多多：一则诗人家境清寒，没有余财也没有工夫像别家一样过节；二则诗人是个勤学上进的好学生，大清早就起床苦读。就此而言，这首诗真不失为一首很好的劝学诗。

木兰花慢

（宋）◎柳　永

拆桐花烂漫，乍疏雨、洗清明。正艳杏烧林，缃桃绣野，芳景如屏。倾城，尽寻胜去，骤雕鞍绀幰出郊坰。风暖繁弦脆管，万家竞奏新声。　　盈盈，斗草踏青。人艳冶，递逢迎。向路旁往往，遗簪堕珥，珠翠纵横。欢情，对佳丽地，信金罍罄竭玉山倾。拚却明朝永日，画堂一枕春酲。

柳永（？—1053），字耆卿，原名三变，字景庄，世称柳七，崇安（今属福建）人。景祐进士。官至屯田员外郎，故又称柳屯田。卒于润州。有《乐章集》。

这是一首写清明节的词。它和唐代很著名的杜牧的清明诗只写个人感受、表现一己的羁旅愁思不同，它以欢快的笔调，描写了北宋时期都城汴京（今河南开封）郊外的节日风光，像张择端的风俗长卷《清明上河图》一样，表现了人们愉快的春游活动，为我们生动地再现了一千多年前的社会风俗画面。

词作首先从自然景物着笔，描绘出一幅美丽秾艳的清明风光，作为人物活动的背景。词人把汴京郊外比作一张巨大的画屏，在画屏上，疏雨刚过，天朗气清，那先叶开花的一簇簇、一丛丛紫白色的紫桐花，欣欣向荣地开放在广阔的原野上，春意烂漫，特别显眼，这正是清明节标志性的景物。还有那正开得非常繁盛的红艳的杏花，绯红的桃花，点缀其间，互相映衬，使整个清明节的风景显得如此明艳多彩，春意盎然，真使人有身临其境之感。特别是词句中形容花开的三个动词"拆"（花开）、"烧"（繁盛）、"绣"（盛开、点缀），下得非常考究，不仅准确生动，而且极大地丰富了词意，很有特色，耐人品味。

接着，作者描写了清明时节人们春游活动的情况。我们看到，先是大家倾城出动，万人空巷，男人骑着马（“雕鞍”代指马）奔跑，女士、小姐坐着有着天青色帐幔的车子（这里“绀幰”是指天青色的车幔，代指车）急急赶路，在风和日暖的时节，兴致勃勃地出城而去。还一路吹吹打打，音乐声响彻原野，真是好不热闹。然后，作者写了出城以后游春的具体活动。第一是踏青斗草。斗草是一种游戏，据清人翟灏《通俗编》卷三十说：“周初已有此戏。”它包括比赛谁采集的草种类多，比赛谁的稀有、珍贵，比赛把两种草（或者草花）勾在一起拉动，看谁的不断、有韧性等等。《红楼梦》第62回就有香菱、芳官们一帮女子斗草的描写，她们是比赛谁采集的种类多。可见斗草这种游戏源远流长，而且是女子的游戏，在柳永生活的北宋时代尤其盛行。第二是男女交往。“人艳冶，递逢迎”，是说那些歌妓舞女浓妆艳抹，打扮得花枝招展，在路边不断地向人们打招呼。于是男女交往就随便起来，甚至于调情嬉戏。“向路旁往往，遗簪堕珥，珠翠纵横”，是用了《新唐书·杨贵妃传》的典故：杨贵妃兄妹五家一起和唐玄宗游华清宫，“遗钿堕舄，瑟瑟玑琲，狼藉于道”。这里是暗示这些男女有超越常规的亲昵行为。看来那时在清明节这一天，政府对男女行为是放得比较宽的，这也是当时社会风俗之一种。第三是喝酒。因为有了上面描写的男欢女爱，又面对如此美好的风景，大家也就不顾一切地纵情痛饮起来。“玉山倾”，是用了《世说新语·容止》中嵇康的故事：“嵇康身长七尺八寸，风姿特秀。……其醉也，傀俄若玉山之将倾。”说明当时好多男男女女都醉倒了，大家以忘情的痛饮，来欢度这美好的节日。即使是回去以后，明天卧床不起，醉他一天，也是值得的。这种纵情的享乐，回应了开头描写的清明美景，那实在是美得叫人心醉，人们才如此地如痴如狂，流连忘返，尽情欢乐。这里面，也隐隐透露出人们对于“有花堪折直须折，莫待无花空折枝”的那种对于人生无常、转瞬即逝的轻轻的感叹，但是非常轻微，通篇的基调还是非常热烈欢快的。

柳永生活的那个时代，正是北宋初期，国家统一已经五十多年，不仅结束了五代十国的战乱纷争，而且生产也已经有了很大的发展，社会的物质条件远比过去为好，文化生活也相当的丰富和繁荣。柳永的这首词，从一个节日的风俗描写，从侧面为我们提供了认识当时社会的一份生动形象的材料。作为艺术作品的词来说，这首词和柳永的其他反映市井生活的比较俚俗的词相比，在遣词造句方面要典雅得多，反映了柳词风格的另一个方面。此外，词中“倾城”、“盈盈”、“欢情”的三个短句都押了韵。清人沈雄《古今词话·词品上卷》就说：“周笃谷云：换头二字用韵者，长调颇多，中间更有藏韵。《木兰花慢》，唯屯田（柳永）得音调之正。盖倾城、盈盈、欢情，于第二字中有韵。”这些是属于“藏韵”的巧妙安排，增加了词作的音韵美。

木兰花

（宋）◎张　先

龙头舴艋吴儿竞，笋柱秋千游女并。芳洲拾翠暮忘归，秀野踏青来不定。　　行云去后遥山暝，已放笙歌池苑静。中庭月色正清明，无数杨花过无影。

张先（990—1078），字子野，湖州乌程（今浙江吴兴）人。天圣八年（1030）进士。曾任吴江令。晏殊知永兴军，辟为通判。官至尚书都官郎中。晚年退居湖杭之间。有《安陆词》（《张子野词》）。

神宗熙宁八年（1075）寒食节作于吴兴，作者时年八十六岁。寒食是古代传统节日，在清明节前两天，古人有禁烟、踏青、扫墓等风俗，在宋时民间还有赛龙舟的活动，详周密《武林旧事》。

上片写寒食当日游春的热闹场面。“舴艋”是江南水乡常见的一种形体扁窄的轻便小舟，划起来飞快，或得名于对蚱蜢的联想。“龙头舴艋”二句写吴中儿女在寒食节的快乐游戏，男孩子乐在划龙船，女孩子乐在打秋千。“拾翠”原指在野外拾翠鸟的羽毛，语出《洛神赋》“或采明珠，或拾翠羽”，诗词中用与“踏青”对仗，有妆点字面的作用。“芳洲拾翠”二句泛写寒食户外春游活动，较前二句所写场面更广阔。

下片写夜深人定后的幽静。经过一天玩乐，到了云去山昏，笙歌散尽的时候。“中庭月色”二句是全词的警策之语。夜空中还看得到杨花的飞舞，可见月色是何等“清明”；而这杨花飘过，便无影无踪，写出月色毕竟不同阳光，即使清明的月色，仍旧朦胧。无怪朱彝尊“叹其工绝，在世传三影之上”（《静志居诗话》）。

自晚唐五代以来，令词多以男女情爱、离别相思为题材，内容较为狭窄。这词却以时序节令和民间风俗为题材，颇具乡土气息，稍为拓宽了词体疆域。词的上片和下片，展现的是寒食节的两种情景，一是白昼游众的活动，气氛热闹，是人所共有的情趣；一是夜晚独坐中庭，欣赏春宵月色，是老词人特有的情趣。这两种情景不但不相矛盾，反而相得益彰，是此词写作上的特点。

破阵子

（宋）◎晏　殊

燕子来时新社，梨花落后清明。池上碧苔三四点，叶底黄鹂一两声，日长飞絮轻。　　巧笑东邻女伴，采桑径里逢迎。疑怪昨宵春梦好，元是今朝斗草赢，笑从双脸生。

晏殊（991—1055），字同叔，抚州临川（今江西抚州）人。景德中赐同进士出身。庆历中官至集贤殿学士、同中书门下平章事兼枢密使。谥元献。有《珠玉词》，清人辑有《晏元献遗文》。

写少女斗草。按古代的花历，清明时节，海棠、梨花刚刚完事，柳絮却开始飞花。春社将近，已见燕子回来，初闻黄鹂娇声，天气也就转暖了。

闺中少女，此时应换了薄装，停了针钱，赶节郊游踏青。看那两位邻家少女，在桑林路边相逢。见了面，西邻女就打趣东邻女道：“你夜来做了一个什么美梦呀，看把你高兴的！”东邻女一边要拧她的嘴，一边道：“休要胡扯，刚才我和那些妹儿斗草，赢多了！”说着说着脸都笑成一朵花。

民间少女游春中斗草游戏和天真对话，点缀得暮春风光更为绚烂。

九日置酒

（宋）◎宋　祁

秋晚佳晨重物华，高台复帐驻鸣笳。邀欢任落风前帽，促饮争吹酒上花。溪态澄明初毕雨，日痕清淡不成霞。白头太守真愚甚，满插茱萸望辟邪。

宋祁（998—1061）字子京，安州安陆（今属湖北）人。后迁居开封雍丘（今河南杞县）。天圣二年（1024）进士。曾官翰林学士、史馆修撰。与欧阳修等合修《新唐书》。书成，进工部尚书，拜翰林学士承旨。谥景文。与兄庠称“二宋”。有《宋景文集》、《笔记》、《益部方物略记》等。

九日，这里是指阴历九月九日的重阳节。作者宋祁是北宋初期的著名文人，他和他的哥哥宋庠同时考中进士，时号“二宋”，名满天下。他曾任龙图阁学士、史馆修撰，和欧阳修一起撰写《新唐书》。又曾任工部尚书，因为写了《玉楼春》词，词中有“红杏枝头春意闹”一句，“闹”字用得特别精警，人又称他为“红杏枝头春意闹”尚书。总之他是北宋初期一位难得的文人雅士。他好像特别重视重阳节，不仅写了这一首重阳诗，还写过《九日食糕》：“飙馆（清凉的亭馆）轻霜拂曙袍，糗糍（音秋次，糕饼）花饮斗分曹。刘郎不敢题糕字，虚负诗中一世豪。”这首诗写的是重阳节吃糕的事。据《东京梦华录》卷八记载，那时重阳节前一二日，各以粉面蒸糕，上面插以彩色小旗，亲友互相馈送，这也是当时的一种风俗。

但是重阳节更重要的风俗还是佩戴茱萸（茱萸是一种植物，有浓烈的香味），登高望远，欣赏菊花，大家一起饮酒。饮酒是这一天的中心活动，所以这首诗的题目明确标出《九日置酒》，和《九日食糕》是同一意思。

第一联是交代饮酒的节候和地点。那已是晚秋时节，秋高气爽，他和大家来到高台上的双重帷帐里，乐队奏起呜呜的胡笳来。这一联有烘托气氛的作用。接下来第二联顺承而下，写饮酒。前一句用了晋朝孟嘉跟随桓温在重九日登上龙山，风吹帽落而不觉的故事，是说无拘无束地饮酒而尽情地欢乐。后一句是具体写饮菊花酒的情形，酒中有菊花浮动，所以要吹着饮。这一联形象地描写了“邀欢”、“促饮”的人物动作，很传神。第三联宕开一笔，写望远的情形。秋雨刚过，溪水共长天一碧，落霞与秋阳同淡，一切都是这么的清爽，让人爽心悦目。最后一联写到自己(即“白头太守”)，自己已经是白发苍苍的老人了，还满头插着茱萸花，希望辟去邪恶之气，这种举动该是多么愚蠢，多么可笑。这是一种自我调侃，最后一联使得全诗有了更加轻松活泼的气氛，把重阳佳节的活动写得很欢快。陈衍在《宋诗精华录》中评道：“九日登高，不作感慨语，似只有此诗。”在古往今来众多的重九诗作中，这是一篇有自己特色的作品。

宋祁的诗歌虽然是西昆体的余脉，但是他和西昆体又有着明显的区别，比较晓畅而又有一定的社会意义。个中原因，是他也学习杜诗的缘故。他在《新唐书·杜甫传》中，给予了杜甫以很高的评价，对后代影响很大。据《竹坡诗话》卷二记载，他还手抄过杜甫诗歌一卷，下了不少学习的工夫，并且还拟作过杜甫风格的多首诗歌，沉郁苍劲，堪称北宋初期首开学习杜诗风气的重要人物之一。他的这首《九日置酒》，用典贴切，对仗工稳，气象也比较阔大，可以看出杜诗对他的影响。

中秋夜吴江亭上对月怀前宰张子野及寄君谟蔡大

（宋）◎ 苏舜钦

独坐对月心悠悠，故人不见使我愁。古今共传惜今昔，况在松江亭上头。可怜节物会人意，十日阴雨此夜收。不惟人间惜此月，天亦有意于中秋。长空无瑕露表里，拂拂渐上寒光流。江平万顷正碧色，上下清澈双璧浮。自视直欲见筋脉，无所逃遁鱼龙忧。不疑身世在地上，只恐槎去触斗牛。景清境胜反不足，叹息此际无交游。心魂冷烈晓不寝，勉为笔此传中州。

苏舜钦（1008—1049），字子美，绵州盐泉（今四川绵阳）人，迁居开封。少以父荫补官。景祐元年（1034）进士。曾任大理评事，范仲淹荐为集贤校理、监进奏院。被劾除名，寓居苏州沧浪亭。后复为湖州长史。有《苏学士文集》。

苏舜钦是北宋中期的著名诗人，他也是北宋首开学习杜诗风气的重要人物之一，对促进宋诗的发展有着深远影响。他在庆历元年（1041）秋天因事前往越州（今浙江绍兴），路过吴江时在如归亭上小住，正好碰上中秋佳节，写下了这首脍炙人口的诗歌。诗题上的张先，字子野，也是北宋的著名诗词作家，人称“张三影”（因有“无数杨花过无影”、“隔墙送过秋千影”、“云破月来花弄影”的佳句而得名）。“君谟蔡大”，就是蔡襄，君谟是字，在家里兄弟中排行老大，故称蔡大，这是唐宋人的习惯称呼。蔡襄又是著名书法家，宋代的“苏黄米蔡”四大家，“蔡”就是指他。他们和苏舜钦都是很好的朋友。

据宋人龚明之的《中吴纪闻》卷三记载：“张子野宰吴江（做吴江知县），因如归旧亭撤而新之。蔡君谟题壁间云：‘苏州吴江之滨有亭曰如归者，隘坏不可居，康定元年(1040)冬十月,知县事秘书丞张先治而大之,以称其名之谓。既成,记工作之始以示于后。'"据此,则如归亭是一个在旧有基础上新建的亭子,诗人来到这里的时候,新建还不到一年。在这个月明如昼的中秋佳节,他在这座焕然一新、宽敞舒适的亭子里看见壁间的题字,睹物思人,不禁怀念起和这亭子有关的两位老朋友了。此时,张先已经改在嘉禾任判官,而蔡襄则在汴京供职,大家天各一方。

全诗二十句,可以分为三段。第一段是开头四句,点出时间、地点和怀念故人的主题,起得干净利索,而又一往情深。中间十二句是第二段,也是本诗的重点所在,分三个层次来描写今夕的中秋明月。"可怜节物会人意"四句是第一层,写中秋之前的十天还是秋雨绵绵,言外之意是没有想到中秋有月,然而今夜却意外地云收雨散,老天爷格外凑趣,一轮皎洁的明月悬挂中天,怎不叫人意外兴奋!这是为后面描写明月作了深情的铺垫。"长空无瑕露表里"四句是第二层,采取实写的办法,来描写月色的明亮。长空万里无云,月光如水,江中风平浪静,碧波万顷,圆月照在水中,就像两个圆圆的璧玉一样,一上一下,交相辉映,这是多么美好的景致!"自视直欲见筋脉"四句是第三层,进一步描写月色的皎洁,说在月光映照之下简直可以看清自己身上的筋络和血管,接着就发挥想象,想到处在水中的鱼龙水族怕也无所逃遁其形了吧!月光之特别明亮可以想见。此时,诗人感觉仿佛已经不在人间,而是飘飘仙举,到了虚空中的斗、牛二星那里去了!这里是用了晋张华《博物志》中的神话故事:传说银河与海相通,有住在海边的人年年八月可以看见有木筏(即"槎")从水上来去,于是就带了粮食登上木筏而去,后来到天上见到了牛郎织女。这是一个非常美丽的神话传说,至此诗人把对明月的描写推向了高潮,给人以十分生动具体而又极为美好的印象。最后四句是第三段,又从明月想到了故人。陈衍评论说:"望月怀人语,数见不鲜矣,此作颇能避熟就生。写月光彻骨,种种异乎寻常,如自责得陇望蜀,尤其透过一层处。"(《宋诗精华录》)这里说的"自责得陇望蜀",是指"景清境胜反不足,叹息此际无交游"两句,过渡得非常巧妙而又自然。最后说通夜不寐地赏月怀人,写诗遥寄友人,全诗就此作了精彩的结束,结构也首尾完具,浑然天成,成为中秋诗歌中不可多得之作。

元　日

（宋）◎ 王安石

爆竹声中一岁除，东风送暖入屠苏。千门万户曈曈日，总把新桃换旧符。

王安石（1021—1086），字介甫，晚号半山，抚州临川（今江西抚州）人。庆历二年（1042）进士。嘉祐三年（1058）上万言书，提出变法主张。神宗熙宁二年（1069）任参知政事，行新法。次年拜同中书门下平章事。七年罢相，次年再相；九年再罢相，退居江宁（今江苏南京）半山。封舒国公，旋改封荆，世称荆公。卒谥文。有《王临川集》等。

农历正月初一，是农历的一岁之首，俗称“大年”，是我国民间最热闹、最隆重的一个传统节日，大约有四千多年的历史。古代的春节本是指农历二十四个节气中的“立春”，南北朝以后才将春节改在一年岁末，并泛指整个春季。这时大地回春，万象更新，古人谓之“元日”。民国初年，改农历为公历后，始将农历正月初一定为“春节”。

古代咏元日以王安石本篇为冠，为唐人所不逮。据余恕诚先生分析有几方面原因。其一，唐人不太重元日，其为节日的热闹气氛不如元夜、上巳、端午、中秋、重九等。其二，宋代因赵匡胤在建隆元年元日酝酿政变（四日黄袍加身），以后的元日大概带有“国庆”意味，于是变得极不寻常。

以后元日气氛，一是满街春联造成吉庆、更新之感；二是靠爆竹的声响和硝烟气息给人带来的兴奋和刺激。首句写爆竹。古时的爆竹是烧竹使炸，以为驱邪，而宋代随火药与造纸术的发展，才有了纸卷的爆竹，可参《东京梦华录》等文献。为移风易俗，禁放烟花爆竹，仅是这几年的事，所以我们这一代人对句中所传的节日气氛还是颇觉亲切的，以后的人就不免隔膜了。次句写春联。春联始于后蜀主孟昶，宋代经济繁荣，造纸业进一步发展，遂能以春联代替桃符。

清人注《千家诗》谓此诗为安石自况，其初拜相时，得君行政，除旧布新，而始行己之政令也。不为无见。“千门万户”一词，唐人多用于宫廷（语出《汉书·郊祀志》“建章宫千门万户”），此处作广、狭义解均可。“屠苏”，旧俗元日所饮酒名。“桃符”，古时以桃木刻符于门以驱鬼也。

陈季常所蓄朱陈村嫁娶图

（宋）◎苏　轼

苏轼（1037—1101），字子瞻，一字和仲，号东坡居士，眉州眉山（今属四川）人。苏洵子。嘉祐进士。曾上书力言王安石新法之弊，因作诗刺新法下御史狱，贬黄州。哲宗时任翰林学士，曾出知杭州、颍州，官至礼部尚书。后又贬谪惠州、儋州。历州郡多惠政。卒谥文忠。有《东坡七集》、《东坡易传》、《东坡书传》、《东坡乐府》等。

我是朱陈旧使君，劝耕曾入杏花村。而今风物那堪画，县吏催钱夜打门。

苏轼自注："朱陈村在徐州萧县。"因其曾任徐州知州，故自称"旧使君"。朱陈村一村唯二姓，世为婚姻，唐时白居易即有《朱陈村诗》记其事，五代前蜀赵德元作《朱陈村图》（据《益州名画录》），当即为苏轼之友陈慥（季常）所收藏的"朱陈村嫁娶图"。

古人曾将"花间喝道"、"焚琴煮鹤"等事，谓之"煞风景"。这首题画之作，借题发挥，将现实中"不堪画"的黑暗面，与画图上的"杏花村"（语出杜牧《清明》）作对比，用"煞风景"的办法，对现实进行批判。此亦绝句偏师取胜，举重若轻之一法。

"县吏催钱夜打门"，不是"僧敲月下门"。不但无诗意，而且煞风景。使人联想到杜甫《石壕吏》"有吏夜捉人"，足见百姓无法逃避租徭之苦。钱钟书《宋诗选注》序范成大诗云："我们看中国传统的田园诗，也常常觉得遗漏了一件东西——狗，地保公差这一类地主阶级的走狗及他们所代表的剥削和压迫农民的制度。"苏轼此诗当然不属于"传统的田园诗"之列，他鞭挞的对象就是那些公差走狗及其指使者。

蝶恋花·密州上元

（宋）◎苏　轼

灯火钱塘三五夜。明月如霜，照见人如画。帐底吹笙香吐麝，更无一点尘随马。　　寂寞山城人老也。击鼓吹箫，却入农桑社。火冷灯稀霜露下，昏昏雪意云垂野。

上元就是正月十五，亦叫元宵节，从古到今都很热闹。苏轼这首词，作于宋神宗熙宁八年（1075）的元宵节。苏轼从熙宁四年（1071）十一月到杭州任通判以来，在杭州度过了四个年头，熙宁七年（1074）九月被罢去杭州通判，十一月到密州（今山东诸城）任代理知州（即“权知密州”）。到任以后两个多月，就是熙宁八年的上元节了，这首《蝶恋花·密州上元》就作于此时。

苏轼的这首词很特别，题目是“密州上元”，他却先从杭州落笔，整个上半阕都是写杭州上元节的热闹景象的。而下半阕才写密州的上元，一切都是冷冷清清的。这就造成了非常强烈的对比。词作从三个方面进行了对比。一是明月、灯火。杭州是火树银花不夜天，明月高悬，照见熙熙攘攘的赏灯人群，如在画中，好不热闹；而密州，却是“火冷灯稀”，而且夜色昏昏，霜露正下，多么萧条。二是音乐。杭州是“帐底吹笙”，弥漫着浓郁的麝香的香味，把音乐烘托得格外高雅；而密州，却只有农家社祭的“击鼓吹箫”，处处是一片村野之气。三是环境。杭州是整洁干净的街市，“更无一点尘随马”，非常清爽宜人；而密州，在简陋的“农桑社”里，却是“昏昏雪意云垂野”，这样的氛围叫人怎不郁闷！

所以，在下半阕的开头，他就长叹一声：“寂寞山城人老也。”表达了前后截然不同的两种心情。

到底是什么心情呢？联系他的政治态度来看，他多年来反对当时新法的一些弊端，在朝廷受到当权派的一再排斥，先是到了杭州，然后再到荒远的密州。不久，他又被改任徐州，紧接着到湖州就发生了“乌台诗案”，被当权派以反对新法为由，将他逮捕到汴京，投进大狱，差一点丢了脑袋。因此我们不难看出，在这首词中，通过前后情绪的跌落，造成巨大的反差，也正是对当时政治的不满，不过他表现得非常含蓄，我们只能味而得之罢了。

水调歌头

(宋)◎苏 轼

丙辰中秋,欢饮达旦。大醉,作此篇。兼怀子由。

明月几时有,把酒问青天。不知天上宫阙,今夕是何年?我欲乘风归去,又恐琼楼玉宇,高处不胜寒。起舞弄清影,何似在人间。 转朱阁,低绮户,照无眠。不应有恨,何事长向别时圆?人有悲欢离合,月有阴晴圆缺,此事古难全。但愿人长久,千里共婵娟。

农历八月十五,其日正当秋季正中,故称“中秋”。其时桂香月圆,人们将月圆视为团圆的象征,遂有当夜赏月、吃月饼的习俗。关于月饼的来历,相传元末,人民相约在八月十五日起义,主事者将暴动日期写在纸条上,放进月饼馅子里,秘密传递,成功起事。此后,就有了中秋吃月饼的风俗。

苏轼因不合于新政,出知密州,时苏辙在济南,兄弟已有六七年未能见面。此熙宁九年(1076)即丙辰年作。故小序云云。词的上片写中秋欢饮达旦。首二句从太白《把酒问月》开篇“青天有月来几时,我今停杯一问之”化出。一起即入醉语,颇有谪仙风度。从这个意义上讲,紧接“不知天上宫阙,今夕是何年”一问,便自有一为谪仙、恍如隔世之感。从另一角度讲,“今夕何夕”语出《唐风·绸缪》,是新婚诗，意为今晚之美无法形容，句即有此意（唐传奇《周秦行记》载牛僧孺诗“香风此到大罗天，月地云阶拜洞仙。共道人间惆怅事，不知今夕是何年”，则可能是此句直接出处）。月朦胧，醉朦胧，便有飘飘欲仙之感；既自拟谪仙，则自有“归去”一说。“琼楼玉宇”语出《大业拾遗记》瞿乾佑玩月事，“高处不胜寒”则暗用《明皇杂录》叶静能邀帝游月宫事，盖月中有“广寒宫”也。飘飘欲仙，只是一种感觉，并不能实现，词人却把原因归为“又恐琼楼玉宇高处不胜寒”，便有味。

关于此数语有无恋阙忠君之寄托，今人聚讼纷纭。不能排斥寄托的可能性。据说神宗皇帝读此词就说过“苏轼终是爱君”。只是不能坐实，也不必坐实。苏子于兴会到处、有意无意间发之，读者当以兴会于有意无意间求之。“起舞弄清影”云云，亦暗用太白《月下独酌》语：“我歌月徘徊，我舞影零乱。醒时同交欢，醉后各分散。永结无情游，相期邈云汉。”“何似在人间”有两解，一解承上“又恐”云云，谓何如在人间也，则是议论，或解为入世胜似出世（袁行霈），或解为在野胜似在朝（施蛰存）；一解承上“我欲”云云，谓哪像在人间也，则是抒感，有不胜飘飘欲仙之致（缪钺）。正是佛以一义演说法，众生各得所解也。

下片兼怀子由。过片数语，“转”、“低”云云，写出月夜时间的推移。“照无眠”即有“达旦”未睡意，但亦不局限作者一人，或亦悬想子由亦当如此，天下离人亦尽当如此，遂逼下问。本来月的圆缺和人的离合并无必然联系，奈何月圆之夕，极易启人离思。“不应有恨”二语，无理而妙。据司马光《续温公诗放》说，李贺“天若有情天亦老”，人以为奇绝无对，而石曼卿对“月如无恨月长圆”，人以为劲敌。石曼卿年辈甚先于苏轼，此或借石句而变化出之。“人有悲欢离合”三句纯入议论，脱口而出，自来未经人道，故为名言。最后的祝愿语出谢庄《月赋》“隔千里兮共明月”，直接是对子由而发的，也是代天下所有离别的人立言的。它表现了一种通达的人生观：现实人生尽管有缺憾，却依然使人留恋，让我们以对亲爱者的良好祝愿来弥补这一缺憾吧。

《苕溪渔隐丛话》说“中秋词自东坡《水调歌头》一出，余词尽废。”此词以咏月贯穿始终，然写景的句子只“转朱阁，低绮户”，并不重要，而词上片抒情中带议论，下片议论中有抒情，表现出词人富于憧憬而又直面现实、由把握现实而超越现实的自然观、人生观及人格美，给人以充分的审美享受和积极的思想影响。至于君国之思，尚可存而不论。此词行文明白家常，清空一气，读之无任何语障，然措语多有出处，大觉有书卷气即文化氛围在焉，只是作者信手拈来，得之不觉耳。

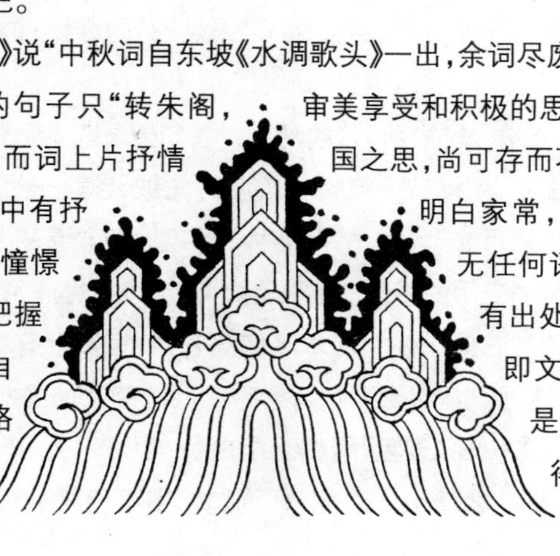

阳关曲·中秋月

（宋）◎苏　轼

暮云收尽溢清寒，银汉无声转玉盘。此生此夜不长好，明月明年何处看。

就在产生那首卓绝千古的中秋兼怀胞弟的词章《水调歌头》之后不久，苏轼兄弟便得到了团聚的机会。熙宁九年（1076）冬，苏轼得到移知河中府的命令，离密州南下。次年春，苏辙自京师往迎，兄弟同赴京师。抵陈桥驿，苏轼奉命改知徐州。四月，苏辙又随兄来徐州任所，住到中秋以后方离去。七年来，兄弟第一次同赏月华，而不再是“千里共婵娟”。苏辙有《水调歌头》（徐州中秋）记其事，苏轼则写下这首小词，题为“中秋月”，自然也写“人月圆”的喜悦；调寄《阳关曲》，则又涉及别情。

月到中秋分外明，是“中秋月”的特点。首句便及此意。但并不直接从月光下笔，而从“暮云”说起，用笔富于波折。盖明月先被云遮，一旦“暮云收尽”，转觉清光更多。句中并无“月光”、“如水”等字面，而“溢”字，“清寒”二字，都深得月光如水的神趣，全是积水空明的感觉。月明星稀，银河也显得非常淡远。“银汉无声”并不只是简单的写实，它似乎说银河本来应该有声（李贺就有“银浦流云学水声”的诗句）的，但由于遥远，也就“无声”了，天宇空阔的感觉便由此传出。江天一色，月轮显得格外圆，恰如一面“玉盘”似的。李白《古朗月行》：“小时不识月，呼作白玉盘。”这比喻写出月儿冰清玉洁的美感。而“转”字不但赋予它神奇的动感，而且暗

示它的圆。两句并没有写赏月的人，但有赏心悦目之意，而人自在其中。没有游赏情事的具体描写，词境转觉清新空灵。

明月团圞，诚然可爱，更值兄弟团聚，共度良宵，这不能不令词人赞叹“此生此夜”之“好”了。从这层意思说，“此生此夜不长好”大有佳会难得，当尽情游乐，不负今宵之意。不过，恰如明月是暂满还亏一样，人生也是会难别易的。兄弟分离在即，又不能不令词人慨叹“此生此夜”之短。从这层意思说，“此生此夜不长好”又直接引出末句的别情。但这里并未像“今夜清尊对客，明夜孤帆水驿，依旧照离忧”（苏辙《水调歌头》）那样挑明此意，结果其意味反而更加深远。说“明月明年何处看”，当然含有“未必明年此会同”的意思，即有“离忧”在焉。同时，“何处看”不仅就对方发问，也是对自己发问。作者长期外放，屡经迁徙。“明年何处”，实寓行踪萍寄之感。这比子由词的含义也更多一重。末二句意思衔接，对仗天成。“此生此夜”与“明月明年”作对，字面工整，假借巧妙。“明月”之“明”与“明年”之“明”义异而字同，借来与二“此”字对仗，实是妙手偶得。叠字唱答，再加上“不长好”、“何处看”一否定一疑问作唱答，便产生出悠悠不尽的情韵。

词避开情事的实写，只在“中秋月”上着笔。从月色的美好写到“人月圆”的愉快，又从今年此夜推想明年中秋，归结到别情。语言清丽，意味深长。除文辞外，作者在声律上也有特色。作者后来有《书彭城观月诗》一文，引录原诗后说：“余十八年前中秋夜与子由观月彭城作此诗，以《阳关》歌之。”《阳关曲》原以王维《送元二使安西》诗为歌词，苏轼此词与王维诗平仄四声大体相合，等于词家之依谱填词，故此词也反映了苏轼“通词乐，知音律”的一面。

赠刘景文

(宋)◎苏　轼

荷尽已无擎雨盖,菊残犹有傲霜枝。一年好景君须记,正是橙黄橘绿时。

此诗显然受到韩愈《早春寄张水部》的影响,但饶有新意。韩诗云:“天街小雨润如酥,草色遥看近却无。最是一年春好处,绝胜烟柳满皇都。”

韩愈赞美的一年好景是早春,苏轼所歌颂的却是深秋。乍看来,“荷尽”“菊残”多少有些煞风景(“犹有傲霜枝”与“已无擎雨盖”语异而意同,所有者,空枝而已。“傲霜”与“擎雨”字面对仗工稳)。然四时之景,贵在不同;春华秋实,各有千秋。晴初霜旦,秋园橙黄橘绿,硕果累累,较早春已别是一番景致也。末二句令人觉秀色可餐,足见生活情趣之浓。“日啖荔枝三百颗,不辞长作岭南人”与此诗,皆可谓津津有味。

浣溪沙并序(录三)

(宋)◎苏　轼

徐州石潭谢雨,道上作五首。潭在城东二十里,常与泗水增减清浊相应。

照日深红暖见鱼,连村绿暗晚藏乌,黄童白叟聚睢盱。
麋鹿逢人虽未惯,猿猱闻鼓不须呼,归来说与采桑姑。

旋抹红妆看使君,三三五五棘篱门,相排踏破茜罗裙。
老幼扶携收麦社,乌鸢翔舞赛神村,道逢醉叟卧黄昏。

麻叶层层苘叶光,谁家煮茧一村香?隔篱娇语络丝娘。
垂白杖藜抬醉眼,捋青捣麸软饥肠,问言豆叶几时黄?

元丰元年(1078)徐州发生严重春旱,作者有诗云:“东方久旱千里赤,三月行人口生土。”(《起伏龙行》)作为一州的长官,他曾往石潭求雨,得雨后,又往石潭谢雨,沿途经过村庄。这组《浣溪沙》词即纪途中观感,共五首,这里是前三首。

第一首写以石潭为中心的村野风光,及聚观谢雨仪式的民众的欢乐。《起伏龙行》序云:“父老云,(石潭)与泗水通,增损清浊,相应不差。时有河鱼出焉。”故首句写到潭鱼。西沉的太阳,染红了潭水。由于刚下过雨,潭水增多,涌进了不少河鱼,它们似乎贪恋着夕照的温暖,纷纷游到水面。鱼时而可见,也写出了潭水的

清澈，与大旱时水浊无鱼应成一番对照。从石潭四望，村复一村，佳木葱茏，只听得栖鸦的啼噪，而不见其影。两句一写见，一写闻。不易见的潭鱼见了，易见的昏鸦反而不见了，写出了农村得雨后风光为之一新，也流露出作者喜悦的心情。三句撇景而写聚观谢雨的人。儿童黄发，老人白首，故称“黄童白叟”。“睢盱”二字俱从“目”，张目仰视貌，兼有喜悦之意。《易经·豫卦》“盱豫”，《疏》：“盱谓睢盱。睢盱者，喜悦之貌。”这里还暗用韩愈《元和圣德诗》“黄童白叟，踊跃欢呀”句意。只及童叟之乐，则一般村人之乐及作者乐人之乐可知。是举一反三的手法。

谢雨的盛会，打破了林潭的寂静，常到潭边饮水的“麋鹿”突然逢人，惊恐地逃避了。而喜庆的鼓声却招来了顽皮的“猿猱”。“虽未惯”与“不须呼”相映成趣，两种情态，各各逼真，颇有助于表现和平熙乐的气氛。细细品味，似觉其中含有借以比拟人物的意趣。山村的老人纯朴木讷，初见知州不免有几分“未惯”，孩童则活泼好动，听到祭神仪式开始的鼓声，已争向前来，恐落人后了。他们回家必得要兴奋地追说一天的见闻，说给谁呢？当然是未能目睹盛况的“采桑姑”们。“归来说与采桑姑”，这节外生枝一笔，妙趣横生，丰富了词的内涵。

词中始终没有正面写谢雨之事，只从鼓声间接透露了一点消息。却写到日、村、潭、树等自然景物，鱼、鸟、猿、鹿等各类动物，黄童、白叟、采桑姑等各色人物及其活动，织成一幅有声有色的画图。上片竟连用“深红”、“绿暗”、“黄”、“白”等色彩字，细辨则前二属实色（真色），后二属虚色（假色），交错使用，画面生动悦目。下片则赋而兼比。全词无往而非喜雨、谢雨的情事，表现出作者取舍经营的匠心。前五句是实写，实写易板滞，末一句以虚相救，始觉词意玩味不尽。

第二首写谢雨途中见闻，情形与前者又不一样。上片作者着重写村姑形象，似乎就是顺着前一首写下去的。村姑不像朱门少女深锁闺中，但仍不能和男子们一样随便远足去瞧热闹，所以只能在门首聚观，这是很富于特征的情态。久旱得雨是喜事，“使君”（州郡长官的敬称，这里是作者自谓）路过是大事，不免打扮一下才出来看。劳动人民的女子打扮方式，决不会是“弄妆梳洗迟”的，“旋抹红妆”四字足以为之传神。匆匆打扮一下，是长期生活养成的习惯，同时也表现出心情的急切。选择一件茜草红汁染就的罗裙（“茜罗裙”）穿上，又自含爱美的心理。“看使君”同时也有观看热闹的意味在内。“三三五五”总起来说人不少，分散着便不能说太多，但“棘篱门”毕竟小了一些，都争着向外探望，你推我挤（“相排”），便有人尖叫裙子被踏破了。短短数语就刻画出一幅极风趣生动的农村风俗画。作者下笔十分自然，似是实写生活中事，以至使人觉得它同杜牧《村行》诗的“篱窥茜裙女”一句只是暗中相合而已。

下片写到田野、祠堂，又是一番光景：村民们老幼相扶相携，来到打麦子的土地祠；为感谢上天降雨，备酒食以酬神，剩余的祭品引来馋嘴的乌鸢，在村头盘旋不去。两个细节都表现出喜雨带来的欢欣。结句则是一个特写，黄昏时分，有个老头儿醉倒在道边。这与前两句形成忙与闲，众与寡，远景与特写的对比。但它同样富于典型性。“桑柘影斜春社散，家家扶得醉人归”（王驾《社日》），酩酊大醉是欢饮的结果，它反映出一种普遍的喜悦心情。如果说全词就像几个电影镜头组成，那么，上片则是个连续的长镜头；下片却像两个切割镜头，老幼收麦、乌鸢翔舞是远景，老叟醉卧道旁是特写。通过一系列画面，表现出农村得雨后的气象。“使君”虽只是个陪衬角色，但其与民同乐的心情也洋溢纸上。

第三首写村中见闻。上片写农事活动。首句写地头的作物。“苘”是麻的一种。“麻

叶层层”是写作物茂盛，“苘叶光”是说叶片滋润有光泽，二语互文见义，是雨后庄稼实况。从具体经济作物又见出时值初夏，正是春蚕已老，茧子丰收的时节。于是村中有煮茧事。煮茧的气味很大，只有怀着丰收喜悦的人嗅来才全然是一股清香。未到农舍，在村头先嗅茧香，“谁家煮茧”云云，传达出一种新鲜好奇的感觉，实际上煮茧络丝何止一家。“一村香”之语倍有情味。走进村来，隔着篱墙，就可以听到缫丝女郎娇媚悦耳的谈笑声。“络丝娘”本俗语中的虫名，即络纬，又名纺织娘，其声如织布，颇动听。这里转用来指蚕妇，便觉诗意盎然，味甚隽永。另有一种别具会心的解释说：“从前江南养蚕的人家禁忌迷信很多，如蚕时不得到别家串门。这里言女郎隔着篱笆说话，殆此风宋时已然。”(俞平伯《唐宋词选释》)则此句还反映了当时的民俗。

下片写作者对农民生活的采访，须发将白的老翁拄着藜杖，老眼迷离似醉，捋下新麦(“捋青”)炒干后捣成粉末以果腹，故云“软饥肠”。这里的“软”，有“送食”之义，见《广韵》。两句可见村中生活仍有困难，流露出作者的关切之情。于是更询问：豆类作物几时成熟？粮食能否接上？简单的一问，含蕴不尽。

要之，作者并没有把雨后农村理想化，他不停留在隔篱的观察上，而是较深入地接触到农民生活的实际情况，所以具有相当浓郁的生活气息。作者把词的题材扩大到农村，写农民的劳动生活，对于词境开拓有积极的影响。

清　明

（宋）◎ 黄庭坚

佳节清明桃李笑，野田荒垄只生愁。雷惊天地龙蛇蛰，雨足郊原草木柔。人乞祭余骄妾妇，士甘焚死不公侯。贤愚千载知谁是，满眼蓬蒿共一丘。

黄庭坚（1045—1105），字鲁直，自号山谷道人，晚号涪翁，洪州分宁（今江西修水）人。“苏门四学士”之一。治平进士。哲宗时以校书郎为《神宗实录》检讨官，迁著作佐郎，以修史“多诬”遭贬。有《山谷集》、《山谷琴趣外篇》。

这是黄庭坚早期的代表作之一。作于熙宁元年（1068）三月，他此时已中进士，被授叶县尉，但是还没有赴任，在家中闲居。清明节之际，他对人生作了深入的思考。

诗歌前四句先写清明节的风物、景致。“桃李笑”的“笑”字很生动传神，写出了春天的明媚和美好。但是接着就有了“愁”，这是看见了荒垄（坟墓）的缘故。也就是王梵志诗说的：“城外土馒头，馅草在城里。一人吃一个，莫嫌莫滋味。”一笑一愁，开篇即起伏跌宕，引人入胜。第二联接写春雷乍起，万物复苏，草木正在欣欣向荣地生长，一派大好风光。

值得注意的是第三联，用了两个典故。前一个是出自《孟子·离娄》篇，说齐国有一个人从东郭的墓地向祭奠者乞讨了祭余的酒肉，自己吃得饱饱的，然后回家向他的一妻、一妾谎称和富人结交，夸耀自己有本事，不以为耻，反以为荣。后一个是古代的传说。晋国的介之推跟着晋国公子重耳流亡国外，后来重耳回晋国即位，是为晋文公，大封功臣，介之推却悄悄地逃到山上去了。晋文公派人搜山找他，找他的人找不到，后来干脆放火烧山，介之推甘愿烧死也不下山。以后的寒食节（即清明前一天）禁火，就是为了纪念宁死不贪利禄的介之推。诗人在这里是借用两个和清明节有关的典故，来表现自己的节操。最后一联很值得玩味，“贤愚千载知谁是，满眼蓬蒿共一丘”，表面看是庄子那种齐物我、泯是非的观念，也就是不管贤者也好，愚者也好，一切扫空。其实，只要我们和第三联联系起来看，深入一层理解，就不难发现，诗人的意思是说，世人不辨贤愚，昏昏然地看待一切，而自己心中却是泾渭分明、是非判然的，暗示出自己甘愿作介之推那样逃名的高尚之士，绝不作乞食骄人之徒，表现了诗人高尚其志，廉洁其行的决心。后来，他赴任为官，历尽坎坷，始终耿介不阿、清正廉洁，就是对这种决心的最好诠释。

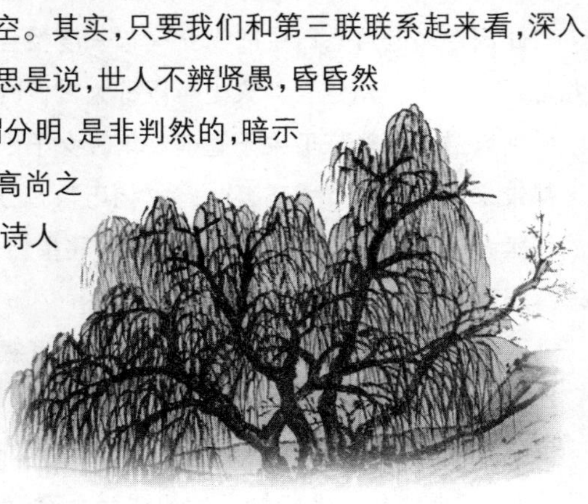

鹊桥仙

（宋）◎秦　观

纤云弄巧，飞星传恨，银汉迢迢暗度。金风玉露一相逢，便胜却人间无数。　　柔情似水，佳期如梦，忍顾鹊桥归路。两情若是久长时，又岂在朝朝暮暮！

秦观（1049—1100），字少游，又字太虚，号淮海居士，高邮（今属江苏）人。“苏门四学士”之一。元丰八年（1085）进士。曾任秘书省正字，兼国史院编修官等职。坐元祐党籍，累遭贬谪。有《淮海集》。

牛郎织女的故事汉代就有，后世家喻户晓，最富于人民性。歌咏这个故事的诗，前有《十九首》中的“迢迢牵牛星”，水平很高，后世没人能超过。到秦观这首词出来，才叫它不能专美于前，其原因主要在于立意之新。

此词专写七月七日牛郎织女一年一度相会的日子，是七夕词。取材就与《十九首》不同。七夕从这个意义上可以称为古代的“情人节”。因为是织女的佳期，所以民间风俗于当晚陈瓜果于庭前。年轻女子则要拜新月，并在月下穿针引线，以乞得未来幸福和心灵手巧，称之为“乞巧”。上片开始“纤云弄巧”，就借夜空云彩的纤柔多姿，来贴切双关一个“巧”字；“飞星传恨”则将偶然景色与传说联系，把流星想象成爱的使者。

下句的“暗度”可以承此理解为流星飞度银河，悄悄地为牛女传递消息；也可以理解为牛郎织女在此夜静静地于鹊桥相会。“迢迢”字面出《十九首》，既指隔河千里的空间距离，又指经年久别的时间距离。而从《十九首》以来，关于牛郎织女的作品，都是立足于他们的不幸遭遇为之辞，为其一年相会一次感到遗憾，说天上的双星还不如人间的夫妻。词人却一反众说，“金风玉露”二句谓牛女一年相会一次，因其珍贵，反比人间夫妻天天见面更好。秋于五行属金，“金风”即秋风，“玉露”即白露（李商隐七夕诗“由来碧落银河畔，可要金风玉露时”），二句语意，冰清玉洁，令人耳目一新，反见旧说识见低下。

过片写柔情的融洽，以水为譬，切合银河的风光；写佳期的短暂，以梦为譬，又切合夜间的感受。字面不难理解，语意却妙极。人称淮海词“淡语皆有味，浅语皆有致”，这两句就是很好的例子。李清照批评秦观“专主情致，而少故实”，其实换一个角度看，不正是钟嵘所谓“观古今胜语，多非补假，皆由直寻”，未尝不是优点。“忍顾鹊桥”句承“佳期如梦”，写七夕佳期来也匆匆、去也匆匆，言下有不堪回首之意。出人意料的是末二句一转，回应上片煞拍“便胜却人间无数”，写出了一篇之警策。这里可能点化自唐人赵璜（一作李郢）七夕诗：“莫嫌天上稀相见，犹胜人间去不回。”然而赵诗立意在羡慕牛郎织女的长生不老，这样简单做“加法”，未免乏味，不敢恭维。此词强调灵犀相通的重要，尤胜于朝夕相处，化腐朽为神奇，顿觉高明之至。

“朝朝暮暮”语出宋玉《高唐赋》“朝为行云，暮为行雨；朝朝暮暮，阳台之下”，和“行云行雨”一样，都是性爱的暗语。所以末二句骨子里也就是说最亲密的关系是真心相爱，而不单单是性关系。这当然是一种高明的见解，正因为这样，后代青年男女，才从这两句词中受到鼓舞，化为力量。

明人沈际飞说：“七夕以双星会少离多为恨（如《十九首》），而此词独谓情长不在朝暮，化腐朽为神奇。”此词语言浅显，两片结句皆情语，在婉约词中并不以技巧见长，但它却以深刻的人生体验和高尚的思想境界取胜，故历代传诵不衰。

周邦彦（1056—1121），字美成，号清真居士，钱塘（今浙江杭州）人。元丰初，为太学生，以献《汴都赋》为神宗所赏识，命为太学正。后任庐州（今安徽合肥）教授、溧水县令。徽宗时，提举大晟府。有《清真居士集》，已佚，今存《片玉词》。

解语花·上元

（宋）◎ 周邦彦

风销绛蜡，露浥红莲，灯市光相射。桂华流瓦。纤云散，耿耿素娥欲下。衣裳淡雅。看楚女、纤腰一把。箫鼓喧，人影参差，满路飘香麝。　　因念都城放夜。望千门如昼，嬉笑游冶。钿车罗帕，相逢处，自有暗尘随马。年光是也。唯只见、旧情衰谢。清漏移，飞盖归来，从舞休歌罢。

《宋四家词选》说：“此美成（周邦彦字）在荆南作，当与《齐天乐》同时。到处歌舞太平，京师尤为绝盛。”周邦彦是钱塘（今杭州）人，年轻时期在荆州（今湖北江陵一带）游学，曾经到过北方一些地方，包括长安（今西安）、汴京（今开封）等大都市。他生活在北宋中后期，进行创作的时间已经是北宋的后期了，这首词所反映的，就是北宋后期那种畸形繁华的社会，以及作者深藏在心中的一份情怀。

这首词的上片写荆南一带城市上元节的热闹景象。上元节就是正月十五，也就是元宵节。元宵节的主要内容就是看灯。所以词一开始就突出了“灯”：晚风吹着红烛慢慢燃烧，夜露沾湿了莲花灯，整个城市成了灯的海洋，灯光互相映照，到处映照得五彩缤纷。然后接着从几个方面来描写灯市的具体景象和人物的活动：一是用明亮的月光来映衬，那柔和清亮的月光洒在街市的屋瓦上，真是如梦如幻，连嫦娥也想翩跹而下，来参加灯市活动了；二是写美女，有

众多的女子穿着淡雅的衣服在街上赏灯，那身材多么袅娜，在月光和灯光的交相辉映下，显得更加仪态万方，叫人艳羡；三是写音乐和香味，在熙熙攘攘的人群中，乐声四起，箫鼓喧天，但闻见浓烈的麝香味弥散在空气中，叫人如痴如醉。词人从视觉、听觉、嗅觉等多方面进行描写，把灯市描绘得热闹非常、淋漓尽致，使人如置身其中。

但是，这还仅仅是荆南一带的灯市情景。下片笔锋一转，倒过来描写都城的灯节，那才是更加美好，更加值得怀念呢！“因念”二字，轻轻一掉，结转得非常轻松自然。“千门如昼”的宏大气派，自是京都特点，远非荆南这些地方可比。然而词人念念不能忘怀的是“都城放夜”。据《西都杂记》：“西都京城街衢有执金吾者，晓瞑传呼，以禁夜行，唯正月十五夜，勅许弛禁前后各一日，谓之放夜。”周汝昌先生说：“汴州元夜，又有甚独特风光？——始出钿车宝马，始出香巾罗帕。‘暗尘随马去，明月逐人来’，又用唐贤苏味道上元诗句，暗写少年情事。马逐香车，人拾罗帕，即是当时男女略无结识机会下而表示倾慕之唯一方式，唯一时机，此义又须十分晓解，方能领略其中意味。”（《唐宋词鉴赏词典》）原来，词人魂牵梦萦的除了那个美丽的上元灯节之外，更加不能释怀的还是那些“嬉笑游冶”的迷人的看灯女子，或者其中就有自己刚刚结识的意中人呢！读到这里，我们也就不难理解，为什么词人笔下一顿，又把时光拉回到了现在。因为那毕竟已经过去，一切美好的人事已经不可追回，自己也没有心情再来赏灯，就此回家，任它灯市如海，歌舞通宵吧！这里，表现了词人在繁华之中的惆怅心情。这一份惆怅中，蕴含着对故人的深深的眷怀之情，读来令人回味无尽。

仲殊(?—?),即僧挥,张姓,又字师利,安州(今湖北安陆)人。曾举进士,后出家为僧,居苏州承天寺、杭州吴山宝月寺,与苏轼交游唱酬。崇宁中自缢死。有《宝月集》。

诉衷情·寒食

(宋)◎仲　殊

涌金门外小瀛洲,寒食更风流。红船满湖歌吹,花外有高楼。　晴日暖,淡烟浮,恣嬉游。三千粉黛,十二阑干,一片云头。

杭州西湖山明水秀,擅东南之胜,唐人已有“江南忆,最忆是杭州”之说。唐末五代经济重心南移,到北宋时这里已成了东南的大都会和游览胜地。在歌咏杭州西湖的诗词佳作中,这首写寒食风光的小令是别饶风姿的妙品。

全词铸辞奇丽清婉而造境空灵,表现出较高的独创性。涌金门为杭州城西门,“涌金门外”是西湖,词中却代称以“小瀛洲”。“瀛洲”为海上神山之一。有山有水的胜地,用海上神山比之也正相合。而西湖之秀美又不似海山之壮浪,着一“小”字更贴切。下句的“风流”一词本常用于写人,用写湖山,则是暗将西湖比西子了。“人间佳节唯寒食”(邵雍《春游》),作为游览胜地更是别有景象,不同常日,故“寒食更风流”。“更风流”进一层,仍是笼统言之,三句以下才具体描写,用语皆疏淡而有味。把游湖大船称做“红船”,与“风流”、“小瀛洲”配色相宜。厉鹗《湖船录》引释道原诗:“水口红船是妾家。”则红船或是妓船,故有“歌吹”。“花外有高楼”则用空间错位的笔触画出坐落在湖畔山麓的画楼。

这是一个晴和的日子,湖上飘着一层柔曼的轻纱,过片“晴日暖,淡烟浮”就

清妙地描画出这番景致。春花、红船、画楼、湖光、山色具焉，织成一幅美妙的图画，画外还伴奏着箫管歌吹之音乐。没有着意写游人，却深得“恣嬉游”的意趣。于此处下这三字，才觉真力弥满，游春士女之众可想而知。词人却并不铺写这种盛况，而采用了举一反三、画龙点睛的手法写道：“三千粉黛，十二阑干。”以“粉黛”代美人，言外香风满湖，与“风流”二字照应。美人如此之多，则满湖游众之多更不待言。“阑干”与“高楼”照映，又包括湖上的亭阁，使人窥斑见豹。

结尾三句用了鼎足对形式，省去许多话，精整而凝炼。特别是析数法的运用很有趣味，“三千——十二——一片”，随数目的递减，景象渐由湖面移向天外，形象由繁多而渐次浑一，意境也逐渐高远。而最后的“一片云头”之句，颇含不尽之意。《维摩经》云：“是身如浮云，须臾变灭。”李白《宫中行乐词》云：“只愁歌舞散，化作彩云飞。”作者为释氏门徒，又擅文词，“浮云”之喻当烂熟于胸中。用于篇末作结，于写足繁华热闹之后，著一冷语，遂使全篇顿添深意。《蓼园词选》对这结尾有一解会：“按宋之南渡，西湖号为销金窝，一时繁华游冶之盛，有心者能不忧之？不谓物外缁流，已于冷眼中觑之。”说此词有所讽谕，固然，但以为指南渡后事，则是误解。僧挥乃北宋人，俗姓张，名挥，安州士人，因事出家，名仲殊。与苏轼有交游，见《东坡志林》。陆游《老学庵笔记》谓其雅工于乐府词，犹有不羁余习，卒于徽宗崇宁年间，距南渡为时尚远。黄蓼园失考矣。

南歌子

（宋）◎ 吕本中

吕本中（1084—1145），字居仁，世称东莱先生，寿州（治所在今安徽凤台）人。绍兴六年（1136）赐进士出身。官至中书舍人兼侍讲，兼权直学士院。以忤秦桧罢官。有《东莱先生诗集》。

驿路侵斜月，溪桥度晓霜。短篱残菊一枝黄。正是乱山深处过重阳。　　旅枕元无梦，寒更每自长。只言江左好风光，不道中原归思转凄凉。

这是一首写重阳节的小令。一般写重阳节，总是登高、赏菊、饮酒，带着一些欢乐的气氛。然而这一首词却是从头到尾一片凄凉。为什么这样呢？因为作者是在逃难之中。吕本中是安徽寿州（今寿县）人，金兵南侵时，家乡沦陷，他急急忙忙地逃往江东（即“江左”，泛指东南地区），以后在南宋的高宗朝做过中书舍人。他主张恢复，得罪了秦桧，被免职。

当时情形，是在一路逃亡中碰上了重阳节。因为是逃难，作者自然没有了登高赏菊的雅兴，他早起在驿路中急急赶路，看见的是斜月、溪桥和寒霜，还有一枝短篱残菊，带着愁惨的黄色。这，就是逃难途中乱山深处的重阳佳节的景致了。可以想见，作者的心情是多么的悲凉！

下片作者回写夜间在旅店住宿的情况。心情本来不好，夜间难以入眠，只觉得漫漫寒夜太长太长，词人的无尽愁苦溢于言表。然后作者又叙说目前的心情：原来满指望到了江南就好了，但是如今到了江南，看见的是乱山深处的那一派愁惨景象，这时反倒更加思念起中原的家乡了，心里充满了凄凉。这一首小令，通俗清新，有民歌的风味，但是在结构上却是一波三折，在起伏回环中表现了自己在国难当头时的满腔凄凉和悲愤，具有深刻的社会意义。

永遇乐

（宋）◎ 李清照

落日镕金，暮云合璧，人在何处？染柳烟浓，吹梅笛怨，春意知几许？元宵佳节，融和天气，次第岂无风雨？来相召、香车宝马，谢他酒朋诗侣。　　中州盛日，闺门多暇，记得偏重三五。铺翠冠儿，捻金雪柳，簇带争济楚。如今憔悴，风鬟雾鬓，怕见夜间出去。不如向帘儿底下，听人笑语。

李清照（1084—1151？），自号易安居士，齐州章丘（今属山东）人。李格非女，赵明诚妻。金兵入据中原，流寓南方，明诚病卒，境遇坎坷。有后人辑本《漱玉词》，今人辑本《李清照集校注》。

此词杭州元宵作。街上不是没有花灯，朋友不是没有邀请她出去观景，“来相召、香车宝马”，只是由于她没有心情，“谢他酒朋诗侣”。

这一日晴方好，你看黄昏的景色是“落日镕金，暮云合璧”。“暮云合璧”未必就有雨意。词人也说：“元宵佳节，融和天气。”可见“次第岂无风雨”完全是一句不成其为理由的推辞别人的话。

词中有两个对比。一是纵向对比：以往昔“中州盛日”（北宋的升平时代）亲历的兴高采烈的元宵，和眼前面对的冷冷清清的元宵相比；一是横向对比：以他人（相对年轻的人）度节喜欢热闹的心理，和自己如今害怕热闹的心理相比。曾几何时，不甘寂寞的我，竟喜欢上了孤独。

时光是一个屡屡得手的贼：它使你丢失了过去的丰姿，留下如今的憔悴；丢失了过去的充实，留下如今的空虚；丢失了过去的执著，留下如今的苟且……时光就这样暗中偷换了人心。这是一首超越时代的词，身逢丧乱，遭遇不幸，经历沧桑的心，都会不同程度地对它产生共鸣。

鹧鸪天

（宋）◎ 向子諲

向子諲，（1085—1152）字伯恭，临江军清江（今属江西）人，号芗林居士。元符时以恩荫补官。南渡初统兵勤王，高宗朝官至户部侍郎。晚知平江府，因忤秦桧致仕。有《酒边词》。

紫禁烟花一万重。鳌山宫阙倚晴空。玉皇端拱彤云上，人物嬉游陆海中。　　星转斗，驾回龙。五侯池馆醉春风。而今白发三千丈，愁对寒灯数点红。

这首词前面原有一小序："有怀京师上元，与韩叔夏司谏、王夏卿侍郎、曹仲谷少卿同赋。"这是词人在晚年怀念北宋京师汴梁（今开封）上元灯节的一首小词。向子諲生活在南北宋之交，他曾经目睹了金兵南侵、宋室南渡之际，社会发生的巨大而深刻的变化。在南宋初期，他是主战派人物，因此得罪秦桧，后来就退隐到江西临江了。

这首小词可以分为两个部分。上片四句和下片三句，都是写北宋都城上元灯节的繁华热闹景象。据南宋孟元老《东京梦华录》记载：汴京上元节，"灯山上彩，金碧相射，锦绣交辉。……宣德楼上皆垂黄缘帘，中一位乃御座。……万姓皆在露台下观看，乐人时引万姓山呼。"这次灯展的布置，真是穷极奢华，而又巧夺天工，看那重重烟花无穷无尽，彩灯叠成的鳌山高接云天，皇帝也亲自来出席了，高高地端坐在由彩灯和烟花烘托的红云的最上头，满城的人们就在灯的海洋中游玩嬉戏，载歌载舞。那些乐工为了讨得皇帝的欢欣，还不失时机地煽情，引导万众欢呼"万岁万岁万万岁"，声浪一阵盖过一阵，响彻云天，把灯节的气氛推向了高潮。等到皇帝看得满足了，回宫去了，那些个豪富人家又各自在自己的家里庆祝佳节，饮酒作乐，直到天亮。这是多么热闹的灯节，想来当时词人也不禁为之振奋，为之欢欣鼓舞了。

然而，词的最后两句猛然一跌，"而今白发三千丈，愁对寒灯数点红"，写出了自己南渡退隐以后的愁苦和凄凉。"白发三千丈"，是用了李白的诗句"白发三千丈，缘愁似个长"，暗点了"愁"字。如今，三千丈的白发和数点红的寒灯，与上面描写的一万重的烟花，高接云天的鳌山宫阙，还有万众欢呼的热闹情景，形成了强烈的对比，极其深刻地体现出词人对过往的繁华的追忆，饱含着世事如梦的迷惘。这首小词，非常形象地反映了南北宋之交的社会变化，寄寓着词人深深的感叹与无奈。

临江仙·午日

（宋）◎ 陈与义

陈与义（1090—1139），字去非，自号简斋，洛阳（今属河南）人。政和三年（1113）登上舍甲科。绍兴中，历官至参知政事。有《简斋集》、《无住词》。

高咏楚词酬午日，天涯节序匆匆。榴花不似舞裙红。无人知此意，歌罢满帘风。　　万事一身伤老矣，戎葵凝笑墙东。酒杯深浅去年同。试浇桥下水，今夕到湘中。

午日就是阴历的五月初五，一般叫端午节，是纪念伟大的爱国诗人屈原的日子。据传，屈原为忧愤国事，在这一天自投湖南的汨罗江而亡。

陈与义的这一首词，作于宋高宗建炎三年（1129）的端午节。此时，北宋灭亡，南宋朝廷刚刚建立不久，北方仍然是金国重兵压境，随时准备入侵。陈与义在北宋曾任著作佐郎，后因事谪监陈留酒税。靖康乱起，他自陈留避乱南奔，流转于襄汉湖湘之间。这年三月起，他频繁地在岳阳、郢州、洞庭等一带转徙奔走，亲身经历了战乱的伤痛。到端午节这一天，他忧愤难已，于是寄情于词，抒发了自己满腔的爱国情思。

这一首词从表面看，好像很平和，但是悲壮激烈之情，却是涌动翻卷在字里行间。一开始，"高咏楚辞酬午日，天涯节序匆匆"，就暗藏着激愤的情绪。这是倒装句，意思是在边远的地方遭逢战乱，时间过得很快，又匆匆到了端午，面对这满目疮痍的国家，自己只有高声咏诵屈原的楚辞，来过这个端午节了。屈原的楚辞，大多写于国家破亡的时候，充满了沉痛的哀思和满腔的激愤。在旧时的士大夫中，每到国家破亡的时候，借楚辞抒愤的情况很多。比如处于明清易代之际的余怀，在《三吴游览志》中就记载了自己过端午的情形："初五。晴。……移舟卧龙桥边。焚一炉香，炊茶灶。几上置《楚辞》，且读且哭。观者皆目摄余曰：'此狂生也！'"这是在痛悼明朝的灭亡。陈与义此时的处境虽然和余怀还有所区别，但基本情绪是一致的，他这时的高咏楚辞，也就是借屈原的酒杯，来浇自己心中的块垒，其满怀愤激之情，就可想而知了。

接下来，"榴花不似舞裙红。无人知此意，歌罢满帘风"三句，是追怀过去的美好时光，但是有谁明白自己的心情呢？但见满帘风起，大有"山雨欲来风满楼"之势，作者的情怀仍然处于忧愤和悲壮之中。

下片开始两句，伤叹自己的衰老，但他借蜀葵（即向日葵）的倾向太阳，来表达自己忠于国家的决心，情绪仍然是激昂的。然后说到自己饮酒，和去年的酒量还差不多，表明自己的身体还好，还可以报效国家。最后，他把酒浇到水中，希望它能在今晚到达湘水之中，来祭奠屈原。这里，他的满怀悲壮激烈的情怀，得到了婉转而又充分的表现。

后人对陈与义的词评价很高，黄昇在《花庵词选》中就说："去非（陈与义字）词虽不多，语意超绝，识者谓可摩坡仙（苏轼）之垒。"从这首咏端午节的《临江仙》词中，我们可见一斑。

插秧歌

（宋）◎ 杨万里

田夫抛秧田妇接，小儿拔秧大儿插。笠是兜鍪蓑是甲，雨从头上湿到胛。唤渠朝餐歇半霎，低头折腰只不答。秧根未牢莳未匝，照管鹅儿与雏鸭。

杨万里（1127—1206），字廷秀，号诚斋。吉州吉水（今属江西）人。绍兴二十四年（1154）中进士。主张抗击金人，收复失地，以正直敢言而累遭贬抑，晚年闲居乡里。南宋四大家之一，诗主活法，号诚斋体。

“种田辛苦要唱歌”（《刘三姐》），插秧歌源出于民间。记得故乡就有插秧歌略云：“大田栽秧角对角，老汉踏到媳妇脚。”杨万里是一位重视向民歌学习的诗人，写有成组的夯歌、船歌，这一首是插秧歌。

插秧是农村大忙时节，为抢农时，农夫不仅要全家总动员，而且往往要请人帮忙。插秧劳动的主要环节是从秧田中拔秧，在田水中洗去泥土后捆秧，再把成捆的秧子抛给大田中人叫作抛秧，大田中人插秧。前二句所写就是全家动员、分工协作，干得热火朝天的忙碌情景。语言来自生活，同时经过诗人的处理（四人分工并非固定）。

插秧时节最怕天旱，那时少不得还要戽水。碰上下雨，真天助我也。三、四句写农夫在大雨滂沱中插秧，尽管披蓑戴笠，还是从头湿到肩，干活就好比打仗一样（“笠是兜鍪蓑是甲”）。不但感觉不到辛苦，心中的高兴劲儿就甭提了。不理解劳动人民的思想感情，很难写到这个份儿上。

五、六句写田间送饭，选取细节很有意思。田坎上人喊吃饭，田中的人却只顾插秧，这情景何等生动感人！送饭到田间，田间人顾不上吃饭，是表现田间忙活的气氛。送饭的关心干活的，干活的关心手中活计，“只不答”不是不答，是想在吃饭前再多插一片秧。

最后两句说，刚插的秧还未生根，秧子还未插完，还要看管好小鹅、小鸭，别让它们糟踏秧苗。可见插秧时节不但劳累，而且事情繁杂，一处不周到，就会添乱子。不但劳力，而且劳心。特别交代“鹅儿与雏鸭”，是因为它们比大鹅大鸭更为难管，顾虑极细。

以大众语写农家事，难得如此生动又如此紧凑，几无一闲笔。至于句句入韵，更出神入化地传达了插秧劳动所具有的紧锣密鼓的节奏。

晓出净慈寺送林子方

（宋）◎ 杨万里

毕竟西湖六月中，风光不与四时同。接天莲叶无穷碧，映日荷花别样红。

净慈寺在西湖西南。一个夏天早上，杨万里宿寺起来，送别官居直阁秘书的朋友林子方。盛夏六月虽然暑热，清晨却是较凉爽的。旭日东升，照临湖上，荷叶长得十分茂密，几乎布满了湖面，而朵朵荷花盛开，鲜艳地点缀在绿叶间，形成有气派的怡红快绿场面，与一般荷塘景色大为不同，便成为西湖四季景色中最为迷人的一段。

“毕竟西湖六月中，风光不与四时同”是即兴脱口而出的两句，其语序都是诗化的。按习惯的语法，应该说：“西湖六月中风光毕竟与四时不同。”“毕竟”二字提前，是诗词创作中常见的腾挪以协于诗律的手法：“毕竟不同”四字虽然拆散，但两句依然保持着口语中一气贯注的语气；而又使“毕竟”这个副词得到强调，使诗句具有欣赏夸耀的意味。夏天本是四时之一，说“风光不与四时同”，意谓在四时中风光尤具特色。

如果诗的前两句只是说一说，后两句则是画一画：“接天莲叶无穷碧，映日荷花别样红。”有人说这两句是互文，其实是分写莲叶与荷花，在措词上是极有分寸的。湖面如画，莲叶便是绿的底色，荷花则是点缀在底色上的图。因为莲叶密布湖面，方可用“接天”形容，而荷花特别鲜妍，方才用“映日”描画。二句之妙并不在具体入微地描绘形象，而在于写景的概括和抽象。“无穷”是空间上的夸张，“别样”是程度上的形容，都具有模糊性，然而它们却能启发读者的想象力。“别样”乃口语，犹言特别，或异常。李后主有“别是一般滋味在心头”的名句，妙在说明而不说尽。此诗中的“别样红”虽属写景而非抒情，依稀亦有同妙。

江城子·癸酉春社

（宋）◎王　炎

王炎（1138—1218），字晦叔，号双溪，婺源（今属江西）人。乾道五年（1169）进士。官至军器监，中奉大夫，赐金紫，封婺源县男。有《双溪集》。

清波渺渺日晖晖，柳依依，草离离。老大逢春，情绪有谁知？帘箔四垂庭院静，人独处，燕双飞。　　怯寒未敢试春衣，踏青时，懒追随。野蔌山肴，村酿可从宜。不向花边拼一醉，花不语，笑人痴。

王炎是南宋人，按照干支“癸酉”和他的年龄推算，这首词应当作于他75岁时。春社，是古代祭祀土神的节日。南朝梁宗懔写的《荆楚岁时记》记载说：“社日，四邻并结综会社牲醪，为屋于树下，先祭神，然后享其胙。”这在古代，一般是在农村举行，很重要，也很热闹。

但是王炎似乎对这个社日已经不感新鲜，也没有什么兴趣了。他没有去参加社日的祭祀活动，而是独自在家里，悄然过节。此时正是一年春季的美好时光，清波渺渺，春日晖晖，杨柳依依，春草茂密，景象非常美好，这又何妨出去走一走呢？但是，“老大逢春，情绪有谁知”，原来他是因为年龄老大，筋力衰减，懒得出门了。他心甘情愿地呆在“帘箔四垂”的庭院里，过着安静的生活。“人独处，燕双飞”，更加显示了他心境的落寞和孤独。这是一个历尽沧桑、饱经忧患的老人的心境。

下片进一步说，由于自己怕冷，还不敢脱下冬装穿上春衣，所以就不敢追随那些年轻人出去踏青了。尽管如此，酒还是要喝的，而且决然宣布“不向花边拼一醉，花不语，笑人痴”，语气很决断，也隐隐透露出一位衰年老者倔强的、不服老的形象！这虽然还是“有花堪折直须折，莫待无花空折枝”的意思，但对于一个老者来说，实是难能可贵。我们可以想见，词人在自家宁静的庭院，一边吃着“野蔌山肴”，一边自斟自饮自家的“村酿”，一边赏看着迎春盛开的朵朵鲜花，该是多么的惬意，多么的怡然自得！人是要有一点精神的，哪怕就是老了，也绝对不能自怨自艾，自甘颓堕，而要振作精神，继续前行！这就是这首词给予我们的宝贵启发。

青玉案·元夕

（宋）◎ 辛弃疾

东风夜放花千树，更吹落，星如雨。宝马雕车香满路。凤箫声动，玉壶光转，一夜鱼龙舞。　　蛾儿雪柳黄金缕。笑语盈盈暗香去。众里寻他千百度。蓦然回首，那人却在，灯火阑珊处。

辛弃疾（1140—1207），字幼安，号稼轩，济南历城（今山东济南）人。绍兴三十一年（1161），聚义抗金，归耿京，为掌书记。奉京命奏事建康，京为张安国杀害，擒诛安国。次年率部渡淮南归。历任湖北、江西、湖南、福建、浙江安抚使等职。有《稼轩长短句》。

正月十五夜今称元宵，古称元夕，又称上元灯节，是传统的喜庆节日。唐人苏味道《正月十五夜》写道："火树银花合，星桥铁锁开。暗尘随马去，明月逐人来。游妓皆秾李，行歌尽落梅。金吾不禁夜，玉漏莫相催。"这种热闹场面，到近代也几乎没有任何变化。《金瓶梅》第十五回写佳人笑赏玩灯楼，伏定楼窗观看，那灯市中人烟凑集，十分热闹，当街搭数十座灯架，四下围列诸门买卖，玩灯男女，花红柳绿，车马轰雷。什么荷花灯、芙蓉灯、绣球灯、秀才灯、媳妇灯、刘海灯、骆驼灯、青狮灯……光名目都数不过来。辛弃疾这首"元夕"词从篇首到"笑语盈盈暗香去"大半篇幅，亦写灯节的热闹场面，画出了一幅社会风俗画。

开篇暗用岑参"忽如一夜春风来，千树万树梨花开"诗意，写火树银花一般的灯光，给冬天带来春的气息。"更吹落，星如雨"写节日夜晚的焰火，五彩缤纷，如天雨流星。然后写香车宝马即游众，写凤箫鼓吹即声乐，写民间艺人的载歌载舞鱼龙曼衍的社火百戏……词中运用了"放"、"吹"、"落"、"动"、"转"、"舞"等一系动词，及"宝"、"雕"、"香"、"玉"、"花"、"星"、"凤"等一系列美的名物，展示出灯节繁华热闹，绚丽多彩，令人目不暇接。《武林旧事》载"元夕节物，妇女皆戴珠翠、闹蛾、玉梅、雪柳"等首饰服饰，李易安的回忆是："中州盛日，闺门多暇，记得偏重三五。铺翠冠儿，捻金雪柳，簇带争济楚。"（《永遇乐》）可见元夕不但不禁宵行，连闺门也可暂得自由了，这些如花似玉、如雨后春笋般出现在街上楼头的妇女，也构成元夕的动人景观。

然而此词为历代推重，并不在它善于描绘节日景观及风俗图画，而在于词人在这样的背景上杜撰了一个小小情事，却开出了一番深邃的境界。在看热闹赏花灯的人群中，有人在苦苦寻觅意中人。游女如云，皆非其思所存。正说踏破铁鞋无觅处，不料偶尔回头，惊喜地发现那人并不在拥挤的场合，却站在灯火稀疏冷落的地方，真是得来全不费功夫。这情事的妙处，在于能够超越情事的本身，具有象征意蕴。引譬连类，让人想到的是做学问的苦苦追求，有时突发灵感，豁然开朗。

王国维《人间词话》说，人之成大事业者，必皆经历三个阶段，一是"昨夜西风凋碧树，独上高楼，望尽天涯路"（晏殊），即特行独立，有所立志；二是"衣带渐宽终不悔，为伊消得人憔悴"（柳永），即艰苦求索，须专心致志；三是"蓦然回首，那人却在，灯火阑珊处"，即成功的喜悦，往往不期然而然。境界之妙，正在于作者未必然，而读者不必不然。

木兰花慢

（宋）◎ 辛弃疾

中秋饮酒，将旦。客谓前人诗词有赋待月，无送月者，因用《天问》体赋。

可怜今夕月，向何处，去悠悠？是别有人间，那边才见，光影东头？是天外，空汗漫，但长风浩浩送中秋？飞镜无根谁系？姮娥不嫁谁留？　谓经海底问无由，恍惚使人愁。怕万里长鲸，纵横触破，玉殿琼楼。虾蟆故堪浴水，问云何玉兔解沉浮？若道都齐无恙，云何渐渐如钩？

辛弃疾的这首中秋词，根据小序的说明，应该是送月词，在天将破晓的时候，送中秋明月西行而去。但是实际上，应该叫做“问月词”才更加合适，因为词人是“用《天问》体赋”，仿照屈原所作的《天问》诗，通过词的形式，来对月亮发问。屈原的《天问》，向天提出种种奇特的问题，或自然，或社会，由一百七十多个问题组成。这首词，对月亮也提出了九个问题，这在所有的中秋词中，是一个创新。

这九个问题是：第一，天将破晓，这可爱的月亮远远西去，到底走向哪里呀？第二，难道那西边别有人间，月亮从这边落下去，又从那边冉冉升起来？第三，太空非常浩渺，月亮运行是仅仅凭借浩荡的秋风吗？第四，月亮像飞在天空的镜子一样，是谁用绳索把它悬系在空中的呢？第五，月亮中的嫦娥永远不嫁，是谁把她留在月宫的？第六，听说月亮西经海底，然后重返于人间的东方，究竟是真是假啊？第七，如果说月亮从海底经行是真的，那么月中的玉殿琼楼怕不就要被纵横冲撞的万里长鲸触破了吗？第八，如果说月中的蛤蟆自会游水，那么玉兔怎么会在水中沉浮（传说月中有金蟾戏水，玉兔捣药）？第九，如果说月亮一切安然无恙，那么为什么一轮圆月要渐渐变做一弯银钩呢？

朱德才《辛弃疾词选》评道：此词在咏月诗词中卓有创新：一，前此仅有待月诗词、咏月诗词，而无送月诗词，此题材之创新。二，引《天问》体入词，此词体之创新。三，虽承屈原求索精神，但《天问》中问月仅四句："夜光何德，死则又有？厥利维何，而顾菟在腹？"辛词不仅有九问之多，且暗合天体学说。近人王国维首发其义，说此词起首五句，"词人想象，直悟月轮绕地之理，与科学家密合，可谓神悟"（《人间词话》）。此科学内容上之创新。四，《天问》虽然博大精深，但缺乏文学气息。此词以"送月"立意，紧扣月体运行，善想象，富描绘，丰美瑰丽，把对天宇的探索和神话传说融为一炉，而又自出新境。此也前所未有者，故弥足珍贵。

汉宫春·立春日

（宋）◎ 辛弃疾

春已归来，看美人头上，袅袅春幡。无端风雨，未肯收尽余寒。年时燕子，料今宵、梦到西园。浑未办、黄柑荐酒，更传青韭堆盘。　　却笑东风从此，便薰梅染柳，更没些闲。闲时又来镜里，转变朱颜。清愁不断，问何人、会解连环？生怕见、花开花落，朝来塞雁先还。

立春是二十四节气之一，表示春天已经来临。古代很重视立春，有一定的风俗习惯来庆祝。辛弃疾这首词，就表现了那时的一些风俗。不仅如此，辛词还通过立春景象的描写，暗喻了偏安一隅的南宋朝廷的风雨飘摇的政治形势，表现了他对国事的忧虑，抒发了对尚在金人沦陷区的中原故土的无限眷怀之情。

词一开始直点立春，写了美人头上的“春幡”，这是立春节日标志性的习俗。那时的风俗是，凡立春之日，都要剪纸或彩绸为花、蝶、燕等形状，戴在妇女的头上，或者挂在花枝上，叫做春幡，也叫彩胜。通过这一番打扮，大家高高兴兴地迎接春天的到来。此外，还有“黄柑荐酒”，就是立春日要用黄柑酿制的腊酒，互相馈献以表祝贺。还有“青韭堆盘”，据《四时宝鉴》记载：“立春日，唐人作春饼生菜，号春盘。”宋人还保留着唐人的习俗，要用韭菜之类的生菜来作春盘。然而，词人说，这些他都没有心情来做，面对美好节日，他显得意兴索然。为什么会这样呢？前面说了，是因为“无端风雨，未肯收尽余寒”，春天虽然来了，依然寒气不减，叫人难以感觉春天的气息。再加上那春回的燕子，今晚还在梦见那叫人眷怀的“西园”呢！这里的西园，是指北宋都城汴梁西门外的琼林苑，是专供皇帝打猎和游赏的地方，这里是代指汴京。这样连贯起来品读，我们才恍然明白，词人所说的“风雨”，是指当时变化不定的朝廷的政治风雨，也暗喻风

雨飘摇的国家局势，心里深深地含着隐忧；而燕子的梦到西园，却是曲折地表现了词人日日思念故园，希望尽快收复中原的满腔热望。在这样的情况下，他哪还有心思来庆祝立春呢？

明白了这些，对于下片我们就不难理解了。开始三句，明是说东风，其实是暗指那些毫无恢复之心的朝中人士，文恬武嬉，只管享乐。而有志于恢复的人士，却只能在节令的推移中渐渐衰老而无所作为，这怎不叫人“清愁不断”呢？“解连环”是用了《战国策·齐策》中的一个故事。秦昭王遣使到齐国，送上一串玉连环，请他们解开。大家都不能解。只有齐后，她以椎击破之，说：“环解矣！”这里是说，自己的愁绪是连绵不断，怎么解也解不开的，可见其愁绪之多、之深。最后，词人说，他很怕看见花开花落，也就是怕时间匆匆地白白流逝，怕耽误了恢复中原的大好时光，所以他看见北去的大雁，先我而还，心里就感到特别的不安。这里，词人对于家乡（辛弃疾是济南人，当时在金人的沦陷区中）的怀念，对于国家统一大业的执著，都通过对立春的描写表现出来，不禁让人为之深深感动。

太常引·建康中秋夜为吕叔潜赋

（宋）◎ 辛弃疾

一轮秋影转金波，飞镜又重磨。把酒问姮娥：被白发欺人奈何！　　乘风好去，长空万里，直下看山河。斫去桂婆娑，人道是清光更多。

辛弃疾有不少咏中秋的词，这是其中的一首。这首词有两个特点：一个是想象奇特，再一个是对邪恶势力的深深憎恶。

他把月亮比作飞镜，这在他的《木兰花慢·可怜今夕月》中已经有了表现。这里说“又重磨”，是说格外的明亮。古代的镜子是铜做的，磨了才亮，磨而又磨，那就更加明亮了。此时，词人忽发奇想，居然端起酒杯问起月中的嫦娥来：您看我的白发越来越多，好像有意欺人，该怎么办呀？这里他是化用了唐人薛能的《春日使府寓怀》中的诗句：“青春背我堂堂去，白发欺人故故生。”用得非常贴切，而又不着痕迹。

词人顺着这个大胆的发问，继续驰骋想象。他要乘风而上，到月亮上去，俯瞰祖国的山河。还要把那月中的桂树砍去，免得它的阴影遮住亮光，以让明月更加清亮皎洁。这里，他又化用了杜甫的《一百五日夜对月》中的诗句：“斫却月中桂，清光应更多。”“人道是”，指的就是杜甫。这下片中的“直下看山河”，自然不是为了一般的观观风景，而是为了眺望那已经久违了的沦陷区的故土，因为在地下看不见，只有到月亮上去俯视。词人的一片恢复之心，对祖国故地的眷怀，表现得多么深切！至于他要“斫去”的“月中桂”，所指的又是什么呢？周济在《宋四家词选》中说：“所指甚多，不止秦桧一人而已。”秦桧是反对北伐的主要人物，自然应该“斫去”，还有那些阻碍北伐，在朝廷中弄权作恶、为非作歹的人，那些黑暗的邪恶势力，也应该统统“斫去”。于此，我们可以看见词人疾恶如仇的情怀，也从另外一个方面表现了他坚决主张恢复中原的豪迈决心。

这虽然也是一首小令，但是由于词人把奇特的想象和对黑暗势力的憎恶结合起来描写，既有强烈的感情，也有鲜明生动的形象，而且还有浪漫主义的气氛，所以写得非常成功，是难得的佳作。

元宵

（宋）◎姜 夔

元宵争看采莲船，宝马香车拾坠钿。风雨夜深人散尽，孤灯犹唤卖汤元。

姜夔（1155？—1209），字尧章，号白石道人，饶州鄱阳（今江西波阳）人。少随父宦游汉阳。父死，流寓湘鄂间。诗人萧德藻以兄女妻之。移居湖州，往来于赣、皖、苏、浙间。终生不第，卒于杭。有《白石道人诗集》、《白石诗说》、《白石道人歌曲》等。

每年农历正月十五称元宵节，亦称小正月、元夕或灯节，正月是农历的元月，古人称夜为“宵”，所以得名为“元宵”。正月十五是一年中第一个月圆之夜，也是一元复始，大地回春的夜晚，所以人们对此加以庆祝，庆贺新春的延续。

“元宵争看采莲船”，元宵节的内容十分丰富，人们在晚上可以“闹花灯”，即张灯、观灯、猜灯谜，还可以放花炮、焰火。到了姜夔所在的宋代，元宵张灯的日子已增加为五天。随着放灯时间的延长，商人莫不绞尽脑汁推出新型的花灯。唐人用“火树银花合，星桥铁锁开”形容灯火繁盛之景，而宋代的元宵灯会无论在规模，还是灯饰的奇幻精美上，都胜过唐代，而且活动更为民间化，民族特色更强，如采莲船等。

“采莲船”是一种民间歌舞形式的喜庆活动，船由竹子、彩绸、彩纸扎成。一名二八年华的俊俏女子扮演船娘，船娘在船舱之中，用绸带将船体系于腰肩，船四周用布围遮挡，绘成波浪，和船娘搭档的还有艄公、麻婆娘、货郎等角色。

表演时艄公撑船，船娘行船，行船有划桨、摇橹、顶风浪、穿激流、越险滩等动作，艄公甚至还会表演刨沙、推船、腾空、打滚等。船姑娘和艄公密切配合，让采莲船起伏、颠簸、摇晃、旋转，直至穿梭跑场，时常还配以民间小调、锣鼓伴奏，颂扬祝贺。艄公、船娘唱罢，场外观众人人可以脱口而唱，人人是演员，所以采莲船的表演常常十分热闹。

“宝马香车拾坠钿”，到了宋朝，百戏竞陈的现象也极其盛大，有记载的就包括蹴鞠、杂技、猴戏、说书等诸多项目。元宵活动如此丰富，所以连平日深居简出的妇女也纷纷趁此机会外出大饱眼福。“宝马香车”即是言此盛况，与前人李商隐的“香车宝盖隘通衢”有同工之妙。妇女们外出时会格外装扮自己一番，头上插有各种珠翠环绕的饰物，名目众多。“拾坠钿”则是指元宵节人潮拥挤，盛妆的女子常会挤掉饰物，周密的《武林旧事》中记载：“至夜阑则有持小灯照路拾遗者，谓之‘扫街’。遗钿堕珥，往往得之。”“宝马香车”直描元宵灯会观者甚多的盛状，“拾坠钿”选取一真实细节，虽未明言，迂回之意亦在人多。

“风雨夜深人散尽，孤灯犹唤卖汤元”，下句笔触急转，将画面突然由人流如织的喧闹场面切换到孤冷凄清的雨夜叫卖图。汤元，一作汤圆，又称元宵，宋代民间流行一种元宵节应节食品，可荤可素，风味各异，可汤煮、油炸、蒸食，有团圆美满之意。不过在当时还是比较稀罕的东西，而且比较贵。

姜夔此诗胜在镜头组合之妙，诗人如一位技艺高超的摄像师：“争看采莲船”采用远镜头，呈献给读者一幅“万人引领而望，观者如堵“的观灯图；“宝马香车”选用俯视的视角，使人如见马溢通衢、车盈街市的胜景；“拾坠钿”是拉近特写，将镜头对准散落在地的首饰，颇有流白之意，让人对着满地散乱的首饰猜测人潮是何等汹涌；“风雨夜深”，夜本已深，再加上风雨突至，纷沓而来的游人也慢慢散去，孤灯之下却仍有人守着汤圆摊叫卖。“风雨”、“孤灯”二句复将镜头拉远，昏黄的灯光下，一个汤圆摊伶仃地承受着风吹雨打，以风雨夜景衬孤灯叫卖人，“尤”字的嵌入，使一个整体上看只是写景的句子，有了更强烈的主观情绪的融入。

醉落魄·人日南山约应提刑懋之

（宋）◎ 魏了翁

无边春色。人情苦向南山觅。村村箫鼓家家笛。祈麦祈蚕，来趁元正七。　　翁前子后孙扶掖，商行贾坐农耕织。须知此意无今昔。会得为人，日日是人日。

魏了翁（1178—1237），字华甫，蒲江（今属四川）人。庆元五年（1199）进士。开禧中为武学博士，改秘书省正字、校书郎。辞官归里，筑室白鹤山下，授徒讲学。嘉定末除起居郎，历任州郡，入朝权工部侍郎。后以资政殿学士致仕。有《鹤山词》。

古代从正月初一起，按照鸡、狗、猪、羊、牛、马、人等的顺序排下去，正月初七就是人日，表示一岁吉祥的喜庆，人们要游乐歌舞，饮酒庆祝，以祈求一年农业丰收，百业兴旺。这个风俗一直流传到现在，每年人日，成都杜甫草堂都要举行人日游园活动，唱歌跳舞，饮酒赋诗，非常热闹。

魏了翁参加的这个人日活动，地点是在当地的南山，大约是一个山乡的集镇。此时春天已经来临，春风浩荡，美景无限，大家扶老携幼来到这里，吹笛擂鼓，喜气洋洋地聚集在一起。聚集在一起做什么呢？“人情苦向南山觅”，就是非常虔诚地祈求稻麦和蚕桑的丰收，商贾们也来祷祝自家财源广进、生意兴隆。总之是都希望自己在新的一年里吉祥如意，万事顺利，生活美好。所以词人最后劝告说：“须知此意无今昔。会得为人，日日是人日。”魏了翁是南宋的理学家，他的“人”的观念很强。他在一些州县作地方官的时候，就强调正人心、化风俗，鼓励人们充分发挥自己人的作用，创造幸福的生活。在这首小词里，他要表达的也是这个意思。他通过描写这次人日的活动告诉人们：“‘人日’中的‘人’的种种活动与期望，古往今来，都是如此，‘人’是向上的，都在追求着幸福美好；但是，如果人们都懂得（‘会得’即领会到、懂得之意）了做人的道理，都像在人日里那样意识到‘人’的作用与追求，那么，就日日是人日了，而就不会只有在人日这一天才去追求祈祷了。显然，作者是在勉励人们追求不息，生生不止。”（《唐宋词鉴赏辞典》下）

这自然是非常深刻的道理，在今天同样具有积极的意义。我们在欣赏这首小词的时候，或者是在参加人日活动的时候，让我们记住他的劝告——“须知此意无今昔。会得为人，日日是人日”。

贺新郎·九日

刘克庄(1187—1269),初名灼,字潜夫,号后村居士,莆田(今属福建)人。以荫入仕。淳祐六年(1246)赐同进士出身。官至工部尚书兼侍读,以龙图阁学士致仕。卒谥文定。有《后村先生大全集》。

(宋)◎ 刘克庄

湛湛长空黑,更那堪、斜风细雨,乱愁如织。老眼平生空四海,赖有高楼百尺。看浩荡、千崖秋色。白发书生神州泪,尽凄凉、不向牛山滴。追往事,去无迹。　少年自负凌云笔。到而今、春华落尽,满怀萧瑟。常恨世人新意少,爱说南朝狂客。把破帽年年拈出。若对黄花孤负酒,怕黄花、也笑人岑寂。鸿北去,日西匿。

刘克庄这首《贺新郎》词,也是咏重阳节的。然而词一开头就描写出了一片愁惨的景象:浓重的黑云翻卷长空,接着是斜风细雨,词人此时也是愁绪丛生,有如乱麻一样地交织在一起。可见这是多么难熬的一个节日!但是词人很快就从这种低沉的情绪中振拔出来,以英雄刘备自许,依然是豪气百倍、眼空四海,上到百尺高楼登高望远。他看到的是满眼秋色,回顾平生虽然有种种不幸,但都让它去吧,自己绝不做像春秋时齐景公那样的人,登上牛山而掉泪。从这些描写中,我们不难看出,作为一个坚决主张抗金、收复故土的爱国志士,面对眼前的风风雨雨,依然是豪气干云,忧国之心老而弥笃,令人肃然起敬。

到了下片,抚今追昔,词

人发出了感叹，说自己过去就像是杜甫说的那样，“凌云健笔意纵横”（《戏为六绝句》），具有大手笔的才干，到而今已是垂垂老矣，心中只有满怀悲凉了。但是词人又绝不甘心这样消沉下去，倒是责备“世人新意少”，年年重九都只说些东晋孟嘉跟随桓温登龙山而风吹帽落的老话，于世无补，于自己也无益。到了词的结尾，他又壮心勃发，怕黄花嘲笑自己过于寂寞而无聊，决心痛饮一场，抒发自己的满腔豪情。此时，他看见鸿雁北去（此时是秋天，应当是鸿雁南飞，这里说北去，是词人心中的想象），想到那广袤的中原大地还在金人的占领之下，而夕阳已经冉冉西垂，自己的时光已经不多，不免又从心底升起了一种悲愤苍凉的情绪。此时，词人忠愤填膺，感激豪宕，一股郁勃之气久久不能平静。

刘克庄生当南宋衰微的局势中，壮志难申，一生都是在悲愤中度过的。这首词，就像是贝多芬的《英雄交响曲》一样，昂扬向上的激情和低回婉转的情绪互相激荡，造成了顿挫起伏的旋律，震撼人心。刘克庄是辛派词人，他的这首词是学习辛弃疾比较成功的范例。

唐多令

（宋）◎ 吴文英

吴文英（1212?—1272?）字君特，号梦窗，晚号觉翁。本姓翁氏，入继吴氏，四明（浙江鄞县）人。绍定中入苏州仓幕。曾任浙东安抚使幕僚，复为荣王府门客。出入贾似道、史宅之之门。有《梦窗甲乙丙丁稿》。

何处合成愁？离人心上秋。纵芭蕉不雨也飕飕。都道晚凉天气好，有明月，怕登楼。　年事梦中休，花空烟水流。燕辞归、客尚淹留。垂柳不萦裙带住，谩长是、系行舟。

秋日作，写羁旅怀人，在梦窗词中写法别致，论者的反响也很特别。抑梦窗者如张炎，偏予推选；而尊梦窗者如陈廷焯，反而加以诋毁，认为是下乘之作。平心而论，此词不事雕琢，自然浑成，在吴词中为别调，自有其可喜之处。

就内容而论，可分两段，然与词的自然分片不相吻合。

从起句到“燕辞归、客尚淹留”为一段，先写羁旅秋思，酿足愁情，为写别情蓄势。起二句先点“愁”字，语带双关。从词情看，这是说造成如许愁恨的，是离人悲秋的缘故。单说秋思是平常的，说离人秋思方可称愁，命意便有出新。从字面看，“愁”字是由“秋”、“心”二字拼合而成，近于字谜游戏。信手拈来，涉笔成趣，无造作之嫌，且紧扣主题秋思离愁，实不得以“油腔滑调”（陈廷焯《白雨斋词话》卷二）目之。

两句一问一答，出以唱叹，凿空道来，实属倒折之笔。下句“纵芭蕉不雨也飕飕”是说，纵然没有下雨，芭蕉也会因秋风飕飕，发出令人凄然的声音。这分明告诉读者，先时有雨来过。“一夜不眠孤客耳，主人窗外有芭蕉”（杜牧《雨》）。而起首愁生何处的问题，正从蕉雨惹起。所以前二句即由此倒折出来。倒折比较顺说，平添千回百折之感。沈际飞释前三句说：“所以感伤之本，岂在蕉雨？妙妙。”（《草堂诗余正集》）

秋雨晚霁，天凉如水，明月东升，正宜登楼纳凉赏月。“都道晚凉天气好”，是人云亦云，而“有明月，怕登楼”，才是客子独特的心理写照。“月是故乡明”，望月

难免触动乡思离愁。这三句没有直说愁，却通过客子心口不一的描写把它充分表现出来。

秋属岁晚，容易使人联想到晚岁。过片就叹息年光过尽，往事如梦。“花空烟水流”是比喻青春岁月的逝去，又是赋写秋景，兼二义之妙。可见客子是长期漂泊，老大未回。看到燕子辞巢而去，不禁深有感慨。“燕辞归”与“客尚淹留”，用曹丕《燕歌行》“群燕辞归雁南翔”与“何为淹留寄他方”句意，两相对照，见得人不如鸟。以上蕉雨、明月、落花、流水、去燕……无非秋景，而又不是一般的秋景，于中无往而非客愁，这也就是“离人心上秋”的具象化了。

此下为一段，写客中孤寂之叹。“垂柳”是眼中秋景，而又关离别情事，写来承接自然。“萦”、“系”二字均由柳丝绵长着想，十分形象。“垂柳不萦裙带住”一句写其人已去，“裙带”二字暗示对方的身份和彼此关系；“谩长是，系行舟”二句是自况，言自己不能随去。羁身异乡，又成伶仃，本有双重悲愁，何况离去者又是一位情侣呢。伊人已去而自己仍留，必有不得已的理由，却不明说（也无须说），只怨怪柳丝或系或不系，无赖极，却耐人寻味。“燕辞归、客尚淹留”句与此三句，又形成比兴关系，情景相映成趣。

前段于羁旅秋思渲染较详，蓄势如盘马弯弓。后段写客中怀人直是简洁，发语如弹丸脱手，恰到好处。没有堆砌典故、词旨晦涩的缺点。

苏堤清明即事

（宋）◎ 吴惟信

吴惟信（？—？），字仲孚，湖州（今浙江吴兴）人，寓居嘉定（今属上海）白鹤村。

梨花风起正清明，游子寻春半出城。日暮笙歌收拾去，万株杨柳属流莺。

诗题“苏堤清明即事”即点明所叙事实之地点——苏堤，时间——清明，题材——随笔。苏堤是苏东坡任杭州知州时，疏浚西湖，利用挖出的葑泥构筑而成的。

江南胜景，历来受到无数文人骚客的追捧。江南究竟有多好？有个故事可以说明。南北朝时，陈伯之叛梁北逃，他的好友丘迟以书信相劝，信中有“暮春三月，江南草长，杂树生花，群莺乱飞”，一句话就引发了陈伯之的思乡之情，后来终于回梁。

“梨花风起正清明”，首句言明时节，韩愈《梨花》有句：“洛阳城外清明节，百花寥落梨花发。”清明是农历三月间，正是阳春布和、万物竞荣的时节，但百花之中，梨花独艳，所以梨花迎风开就成了清明节的时令特征。“风起”二字引人遐想，如见清风拂来，湖面波光微澜，梨花因风起舞。西湖春景，于此可睹一二。

“游子寻春半出城”，清明扫墓，正值春光明媚，草木返青，田野一片灿烂芬芳。扫墓者往往“哭罢，不归也，趋芳树，择圃，列坐尽醉”，由单纯的祭祀活动演化为同时游春访胜的踏青，并进行各种游戏以及蹴鞠、荡秋千、放风筝等活动。“出城寻春”即是生动具体地描绘了半数杭州人在清明时出城春游，去欣赏天堂般的西湖。半城人争相而出，是何等热闹。

“日暮笙歌收拾去”，“笙歌”即奏乐和歌唱。天色渐晚，游人渐渐散去，喧嚣也渐渐归于沉寂。此时日沉西山，柳丝舒卷飘忽，更有湖波如镜，映照倩影，蕴有无限柔情。

“万株杨柳属流莺”，言日暮人散以后，景色更加幽美，爱赶热闹的游人却不知道欣赏，这份难得的恬静清幽只好让给飞回来的黄莺享受。作者的意思是，在游人散去的时候，杂乱的人事和噪音少了，湖山才渐露可爱的面目，可惜游人只知道凑热闹，不懂得领略这份清静，结果反而被穿梭的黄莺独占，何可慨也。此诗最耐人寻味的，就是这最后的一句。明代大散文家张岱有篇《西湖七月半》，将同一感慨写得更加淋漓尽致，却晚了两百年。

南柯子·丁酉清明

（宋）◎黄 昇

天上传新火，人间试袷衣。定巢新燕觅香泥。不为绣帘朱户说相思。　　侧帽吹飞絮，凭栏送落晖。粉痕销淡锦书稀。怕见山南山北子规啼。

黄昇（？—？），字叔旸，号玉林，建安（今福建建瓯）人。早弃科举，吟咏自适。有《散花庵词》、《绝妙词选》（《花庵词选》）。

这首词作于南宋理宗嘉熙元年（1237）的清明节，是年为丁酉。清明节由来已久，它的风俗习惯和唐代是基本一致的。词的开头两句，“天上传新火，人间试袷衣”，就是当时风俗的写照。清明之前是寒食节，寒食节禁火，清明又要重新钻木取火，如果是在京城就要由皇宫向百官颁赐新火，这里讲的“天上”就是指的皇宫（但作者这时未必在京城，这里是借用）。同时，清明时节春天已经来临，就要脱去冬装换上春天穿的袷衣了。这两句点明了节日的特点，为以下的描写作了交代，也创造了氛围。

以下，作者就集中笔墨，来描写自己的怀人相思之情。从通篇看来，写这首词时作者是在旅途之中，他看见定巢新燕的双双衔泥垒窝，就想起了自己思念的绣帘朱户中的女子的孤独寂寞，而燕子急于忙忙碌碌地筑巢，哪有时间来代她诉说对自己的相思呢！这是用燕子来反衬女子对自己的思念，而实际又是自己对女子的相思，所谓“诗思从对面飞来”，正是这个意思，于此可见作者达意的委婉和手法的考究。过片紧接写自己凭栏眺望，春风和着飞舞的柳絮，吹斜了他的帽子，直到默默送走那冉冉西下的落晖，这里面饱含着他对女子的多少深情啊！他又想到，女子给自己的来信已经稀疏了，那过去的旧信上的粉痕也已经消淡了，不知道她现在的情况究竟怎样啊。此时，也许那满山的子规（杜鹃鸟）正在啼叫，这是他最怕听见的，因为古人以为子规的叫声是“不如归去”，然而此时的他正在远远的地方，要归又怎么归得去呢！这种萦绕于心的对女子的相思，真是剪不断理还乱啊！

清明节是传统的重要节日。每逢佳节倍思亲，这就是作者之所以要在清明节怀人的原因了。通篇写得婉转含蓄，情意深挚，富有真情实感。

宝鼎现·春月

（宋）◎ 刘辰翁

刘辰翁（1232—1297），字会孟，号须溪，吉州庐陵（今江西吉安）人。少登陆九渊门，补太学生。景定三年（1262），廷试对策，忤贾似道，置丙第。以亲老，请濂溪山院山长。入元，不仕。有《须溪集》、《须溪词》等。

红妆春骑，踏月影、竿旗穿市。望不尽楼台歌舞，习习香尘莲步底。箫声断，约彩鸾归去，未怕金吾呵醉。甚辇路、喧阗且止，听得念奴歌起。　　父老犹记宣和事，抱铜仙、清泪如水。还转盼、沙河多丽。滉漾明光连邸第，帘影动、散红光成绮。月浸葡萄十里。看往来、神仙才子，肯把菱花扑碎？　　肠断竹马儿童，空见说、三千乐指。等多时、春不归来，到春时欲睡。又说向灯前拥髻，暗滴鲛珠坠。便当日、亲见霓裳，天上人间梦里。

《历代诗余》引张孟浩语云："刘辰翁作《宝鼎现》词，时为元成宗大德元年（1297），自题曰'丁酉元夕'。亦义熙旧人（指陶渊明）只书甲子之意。"确乎，在《须溪词》里凡只书甲子的都是感怀旧事、悼念故国的作品。如此词虽一题作"丁酉元夕"，但词中大量篇幅还是回忆宋代元宵节繁华旧事，于眼前元夕只"到春时欲睡"一句了之，大有"故国不堪回首月明中"之慨。

《宝鼎现》是三叠的长调。这首词就以阕为单位分三段分别写北宋、南宋及作词当时的元夕情景，形成强烈对比。

一阕写北宋年间汴京元宵灯节的盛况。于元夕游众中着重写仕女的游乐，以见繁华喜庆之一斑。因为旧时女子难得抛头露面，所以写她们的游乐也最能反映游众之乐。"红妆春骑"三句写贵家妇女盛妆出游，到处是香车宝马；官员或军人也出来巡行，街上尽是旌旗。这里略用沈佺期咏元夕《夜游》诗句"南陌青丝骑，东邻红粉妆"及苏轼《上元夜》诗句"牙旗穿夜市"的字面，可谓善于化用。紧接着便写市街楼台上的文艺表演，是"望不尽楼台歌舞"，台下则观众云集，美人过处，尘土也带着香气（"习习香尘莲步底"）。这其间就方便了钟情怀春的青年男女。

林坤《诚斋杂记》载，钟陵西山有游帷观，每至中秋，车马喧阗。大和末，有书生文箫往观，见一女子名彩鸾者姿色绝佳，意其神仙，注视不去，女亦相盼，遂同归钟陵为夫妇。"箫声断，约彩鸾归去"即用此事写男女恋爱情事。古代京城有金吾(执金吾,即御林军)禁夜制度,“唯正月十五日夜,敕许金吾弛禁,前后各一日”(韦述《西都杂记》)。“未怕金吾呵醉”句就写出元夕夜的自由欢乐。紧接着便是一个特写,在皇家车骑行经的道路(“辇路”)上,一忽儿人声嘈杂,一忽儿鸦雀无声,原来是为时所重的著名女歌手演唱开始了。“念奴”本是唐天宝中名伎,此借用。

以上写北宋元夕,真给人以温柔富贵繁华的感觉。过片时总挽一句“父老犹记宣和(宋徽宗年号)事”,就自然而然地转入南宋时代了。魏明帝时诏宫官牵车西取汉武帝时铸造的铜人,铜人临载,竟潸然泪下。“抱铜仙、清泪如水”即用此事寓北宋灭亡之痛。到南宋时,元夕的情景自然不能与先前盛时相比。但虽说偏安一隅,却仍有百来年的“承平”。所以南宋都城杭州元夜的情景,仍有值得怀念的地方。沙河塘在杭州南五里,居民甚盛,歌管不绝,故词中谓之“多丽”。周密《武林旧事》写南宋杭州元夕云:“邸第好事者……间设雅戏烟火, 花边水际, 灯烛灿然。”“滉漾明光连邸第,帘影动,散红光成绮”写的正是这种情景。然后写到月下西湖水的深碧。滟滟金波,方圆十里,极为奇丽。在湖船长堤上,士女如云,则构成另一种景观。在那灯红酒绿之夜,那些“神仙(佳人)才子”,有谁能像南朝徐德言那样预料到将有国破家亡之祸,而预将菱花镜打破,与妻子各执一半,以做他日团圆的凭证呢? “肯把”一句,寓有词人刻骨铭心的亡国之痛,故在三阕一开始就是“肠断竹马儿童,空见说、三千乐指”,总收前面两段,大有“俱往矣”的感慨。宋时旧例教坊乐队由三百人组成,一人十指,故称“三千乐指”。

入元以后,遗老固然知道前朝故事,而骑竹马的少年儿童,则只能从老人口中略知一二,自恨无缘得见了。人们仍然盼着春天的到来,盼着元夕的到来。但在蒙古贵族的统治下,元夕这一汉人传统节日,却不免萧条。“等多时、春不归来,到春时欲睡”,于轻描淡写中哀莫大焉。元宵是灯节,可再也看不到“红妆春骑”、“辇路喧阗”的热闹场面了。“灯前拥髻”云云,乃用《飞燕外传》伶玄自叙说其妾樊通德“顾视烛影,以手拥髻(愁苦状),凄然泣下,不胜其悲”语意。专写妇女的情态,与一阕正成对照。年少的人们诚然因为生不逢时,无由窥见往日元夕盛况而“肠断”;而年老的人们呢,“便当日亲见《霓裳》”,又怎么样? 还不是一场春梦,空余怅恨而已! “天上人间梦里”用李后主《浪淘沙》“流水落花春去也,天上人间”语,以抒深巨的亡国之痛。

词人根据词调三叠的结构布局,逐阕写三个时代的元夕景况。在下一阕开始时均作回忆语,将上一阕情事推入梦境,给人以每况愈下、不堪回首之感。第二阕是“父老”的追忆,第三阕则写“儿童”的揣想(根据父老的闲谈),写来极有变化,不着痕迹。由于词人将回忆、感慨、痛苦交织起来,“反反复复,字字悲咽”(张孟浩语),所以深尽当日遗民心情。故杨慎《词品》说它“词意凄婉,与《麦秀》何殊”。

扫花游·九日怀归

（宋）◎周　密

江蓠怨碧，早过了霜花，锦空洲渚。孤蛩自语。正长安乱叶，万家砧杵。尘染秋衣，谁念西风倦旅。恨无据。怅望极归舟，天际烟树。　　心事曾细数。怕水叶沉红，梦云离去。情丝恨缕。倩回纹为织，那时愁句。雁字无多，写得相思几许。暗凝伫。近重阳、满城风雨。

周密（1232—1298？），字公谨，号草窗，原籍济南（今属山东），后居吴兴（今浙江湖州）。宋末曾任义乌令。宋亡不仕。有《草窗词》、《绝妙好词》。

周密早年出身世家，在南宋为官，过着优游富足的生活，词作风格清雅秀丽；四十九岁南宋灭亡以后，则格调低回沉郁，有一种浑融苍凉之美。这首《扫花游·九日怀归》是他早年的作品，反映的是羁旅愁思和对情人的怀念。

词作开头六句，是采用白描的手法，描写重阳节就要到来时的衰飒秋景。“江蓠”就是蘼芜，江边的蘼芜因为寒霜早来，落叶凋零，好像有无尽的哀怨一样。那洲渚之上，繁花似锦的季节早已过去，只留下空空荡荡的一片荒凉。还有，那孤独的蟋蟀在低吟自语，到处翻飞着一片片金黄的落叶，家家户户在赶制寒衣，只听得捣衣杵碰击砧石的此起彼伏的声音。这些描写，为以下写人，制造了一种愁惨苍凉的气氛，很好地烘托了环境。

接下来就写人，也就是写自己的愁思。此时他正在旅途上，衣服染上尘埃，已经倦于奔走，心里有着无边的忧思，想望着归舟，而天边只有那云雾缭绕的树林，词人心境的寂寞和悲凉我们就可以想见了。到下片，词人就细细地诉说着自己的心事。“怕水叶沉红”以下七句，就是对久已离开的心上女子的怀念。这里用了红叶题诗的典故，但是反用其意，怕题诗的红叶被水冲得沉落了，难以传达女子对自己的情意。“梦云离去”，又是用了楚王与神女在巫山相会的典故，表明那女子和自己已经感情很深，但是，如今离开太久，情意朦胧得难以寻觅了。这种种情丝恨缕，只有织成回文锦字，才能表达此时的些许愁情啊！这里也是用典，也就是用了前秦窦滔的妻子织成回文锦字思念丈夫的故事，来比拟女子和自己的一片深情。他望望天上的大雁，一会儿排成一个“人”字，一会儿排成一个“一”字，不管“人”也好，“一”也好，这又能传递多少相思呢？到这里，词人一片思念情人的愁绪，简直达到了顶点，“才下眉头，却上心头”，实在是难以排遣啊！

写到这里，词人很巧妙地把感情的洪流一下截住，而掉开笔去，只写那眼前的接近重九的景色：“黯凝伫。近重阳、满城风雨。”他失神地望去，快到重阳的时候了，那满城满街弥漫着的是无边无际的风雨，和那无边无际的怀归的愁绪搅和在一起，词人的心绪简直愁苦到了极点！这里，作者也用了一个典故，据《诗话总龟》记载，谢无逸曾经问潘大临有新诗否，潘大临说：“昨日得‘满城风雨近重阳’句，忽催租人至，遂败人意，只一句奉寄。”这里虽然只是借用满城风雨的意思，来写眼前的实景，但是恰到好处，反而进一步增加了深厚的意蕴；而且和开头描写秋景相照应，首尾圆紧，显得结构完美。这首词只是写了个人的离愁别绪，虽然缺乏深厚的社会内容，但是它在艺术上的推敲、锤炼，却是很耐人品味的。

传言玉女·钱塘元夕

（宋）◎ 汪元量

汪元量（1241—1317？），字大有，号水云（一作水云子），宋末临安钱塘（今浙江杭州）人。以善琴事谢后、王昭仪。宋亡随三宫留燕，后南归为道士。有《水云集》、《湖山类稿》。

一片风流，今夕与谁同乐？月台花馆，慨尘埃漠漠。豪华荡尽，只有青山如洛。钱塘依旧，潮生潮落。　万点灯光，羞照舞钿歌箔。玉梅消瘦，恨东皇命薄。昭君泪流，手撚琵琶弦索。离愁聊寄，画楼哀角。

《康熙词谱》卷十七：“按《武帝内传》：‘帝闲居承华殿，忽见一女子曰：“我墉宫玉女王子登也，至七月七日，王母暂来。”言讫，不知所在。’”词牌即由此得名。

据《增订湖山类稿》的编年说：“词中慨叹‘尘埃漠漠’，当为元兵入杭前夕。题所称‘元夕’，当为德祐二年（1267）元夕。”也就是德祐二年的正月十五。要在往年，作为南宋京城的杭州，元宵佳节该是多么繁华热闹。但是现在城外是重兵围困，城内人心惶惶，谁还有心思庆祝元夕呢！所以“豪华荡尽”，一切都已经黯然失色，无复昔日的光景了。只有西湖四周的青山还在，就像洛阳的四面青山一样；而钱塘江的江潮，也只是自生自落，还有谁来观赏这天下的壮观呢！大有“山围故国周遭在，潮打空城寂寞回”的凄凉冷落了。这时，宫廷里面还有点点灯光，但那灯光在今天也是格外的一片凄惨，好像不好意思来照这些歌女身上佩戴的首饰和悬挂的垂帘。宫中的白色梅花也好像很消瘦，花神也只好自恨命薄了。但毕竟是元夕，宫女们还要为皇家演奏，但是一个个就像当年昭君出塞一样，手抱琵琶泪流满面，不知道今后的命运如何。这时听见城楼的角声，呜呜地响，倒好像是在聊寄着即将离别的哀愁。

词人在上片主要是写整个杭州城的黯淡景象，下片转到宫里，具体描写了宫女们的愁惨气氛，表现出南宋灭亡前夕皇宫内部的惊恐和凄凉。这些，当作“诗史”来看，也是毫不为过的。整首词也只是素描，写得非常质朴，但是亡国之哀，却寄托得一往情深。

鹧鸪天

(金)◎ 党怀英

云步凌波小凤钩,年年星汉踏清秋。只缘巧极稀相见,底用人间乞巧楼? 天外事,两悠悠。不应也作可怜愁。开帘放入窥窗月,且尽新凉睡美休。

党怀英(1134—1210),字世杰,冯翊(今陕西大荔)人,徙家泰安。金大定间进士,入史馆编修,出为泰定军节度使,后入为翰林学士承旨。修《辽史》。有《竹溪词》。

作者党怀英,原为陕西大荔人,后徙家山东泰安,和辛弃疾同学。后在金朝中进士,做过泰定军节度使,又任翰林学士承旨,是金朝著名的文士。这首《鹧鸪天》词,是他歌咏七夕的作品,抒发了自己旷达的胸襟,别有新意。

七夕就是阴历的七月初七,传说此夜牛郎和织女在天河相会。旧时民间风俗,妇女这天夜里用针作各种游戏,向织女祈求智巧,叫作"乞巧"。据南朝梁宗懔的《荆楚岁时记》记载:"七月七日为牵牛织女聚会之夜。是夕,人家妇女结彩缕(按,"缕"一作"楼"),穿七孔针,或以金银鍮石为针,陈瓜果于庭中以乞巧。"这种风俗从南朝开始,一直延续到清末民初。金朝虽然是北方少数民族建立的国家,但是也普遍盛行这种风俗,七夕要乞巧。党怀英这首词的前半阕,就是写这件事情的。开始两句是描写想象中织女体态的轻盈美丽,也曲曲传出她的聪明,她正踏着天河的清秋和牛郎相会呢!这正是人间乞巧的极好机会。但是下面两句,却大出意料:"只缘巧极稀相见,底用人间乞巧楼?"他的意思是说,织女和牛郎之所

以被隔开，经年才得相见一次，就是因为她“巧极”了(云锦织得特别好)，她嫁给牛郎以后废织，所以又把她隔开，叫她天天织锦。既然这样，人间何必还要结什么彩楼乞巧呢？这也就是聪明反被聪明误的意思，太巧了也要被巧所误，不如任其自然为好。作者一反前人旧意，表达了自己新颖的见解，具有深刻的人生哲理。

下半阕又回到天上，说天外的事情，非人间可以揣度，她智巧也罢，一年才得相见一次，害尽相思之愁也罢，都无所凭据，我们还是不要去认真对待为好。接下来就具体描写自己的行动：“开帘放入窥窗月，且尽新凉睡美休。”搴开窗帘，任它新月窥人，我自不管，趁新秋夜凉之际，好好地高卧家中，美美地睡它一觉算了！这里看似写的是睡觉，其实也是写自己对于人生的态度，和上半阕的意思是一样的，非常超旷洒脱。况周颐在他的《蕙风词话》中说最后两句：“潇洒疏俊极矣。尤妙在上句窥窗二字。窥窗之月，先已有情。用此二字，便曲折而意多。意之曲折，由字里生出，不同矫揉钩致，不堕尖纤之失。”他的评论可供我们参考。这是一首小令，不仅意思新颖深刻，在艺术上亦精益求精，可见词人造诣之深，以“巧夺天工”一词来评之，不亦宜乎！

秋怀

（金）◎ 元好问

凉叶萧萧散雨声，虚堂淅淅掩霜清。黄花自与西风约，白发先从远客生。吟似候虫秋更苦，梦和寒鹊夜频惊。何时石岭关头路，一望家山眼暂明。

元好问（1190—1257），字裕之，金太原秀容（今山西忻县）人。曾读书于山西遗山，因号遗山山人，世称元遗山。金宣宗兴定五年（1221）进士。官镇平、内乡、南阳等县县令。后入朝，历尚书省左司员外郎，入翰林，知制诰。金亡不仕。有《遗山先生文集》40卷。又编金人诗为《中州集》10集。

诗作于金宣宗兴定二年（1218），元好问寓居河南登封期间。早在贞祐元年（1213），蒙古军即南侵河东（今山西），元好问故乡忻县也受到波及。翌年三月忻县陷落并遭屠城，元好问的哥哥好古遇难。诗人流寓三乡（今属河南宜阳）。兴定二年（1218）又移居登封。是岁之秋，蒙古军占领山西全境。这个坏消息，使诗人心情十分沉痛，在县北十里的嵩山中，他写下了这首悲秋怀乡之作。

诗一开始就展现了一派“秋风秋雨愁杀人”的情景。“凉叶萧萧散雨声”使人联想到唐人“听雨寒更尽，开门落叶深”（无可《秋寄从兄岛》）的诗句。也许只是风吹落叶萧萧有声，但人误听作雨声。也许是叶也萧萧，雨也萧萧，加之空堂之上淅淅风声，响成一片，胜似霜威逼人，让人感到不胜清寒。于是生出无比哀怨：“黄花自与秋风约，白发先从远客生。”深秋菊花盛开，是自然界物候现象。不过，上句着一“约”字，便有拟人化色彩；着一“自”字，更多一重怨思，似乎是说黄花约来西风，得到了繁荣，却将寒冷带给人间，真不像话。愁多添人白发，是一种生理现象。而下句着一“先”字，又似反驳“公道世间唯白发”的古诗人语，怨白发欺生，专侵“远客”。二句之妙在主观色彩甚强，无理之至而表情极真。正是：黄花自与西风约，关人何事？白发先从远客生，并不公道。

“吟似候虫秋更苦，梦和寒鹊夜频惊”二句写夜不安寝，愁而赋诗。用了两个比喻，其表达的意思或许本是“秋吟更苦似候虫，夜梦频惊如寒鹊”，为了适合格律而作了词语的倒装。然而这种句式读起来反而多了一层意味，即：“吟似候虫——秋更苦，梦和寒鹊——夜频惊。”像候虫一样，我的吟声本苦，而秋来更苦；和寒鹊一样，我的梦不安稳，中夜特易惊醒。中国古典诗歌语言的灵活微妙，于此可见一斑。元好问七律诗的语言造诣，于此可见一斑。以上三联都运用了对仗，层层渲染悲苦的“秋怀”。然而，这一切真是因为秋气袭人的缘故吗?表面上是这样，骨子里却是因为乡愁。这乡愁又不是一般的乡愁，而是“感时花溅泪，恨别鸟惊心”(杜甫《春望》)那样的有家难归的悲痛。这使人想到杜甫的一首《恨别》：“洛城一别四千里，胡骑长驱五六年。草木变衰行剑外，兵戈阻绝老江边。思家步月清宵立，忆弟看云白日眠。闻道河阳近乘胜，司徒急为破幽燕。”两位诗人心情是接近的，两首诗在表现手法上却是不同的。杜诗基本上是直抒胸臆，而元诗则只写“秋怀”，而“恨别”之意表现得十分含蓄。“石岭关”是太原到忻县间的要冲，是从登封返忻的必经之路。诗人早先有过《石岭关书所见》写当时战乱景象：“轧轧旃车转石槽，故关犹复戍弓刀。连营突骑红尘暗，微服行人细路高。已化虫沙休自叹，厌逢豺虎欲安逃？”由此可见，“何时石岭关头路，一望家山眼暂明”的结句是含有盼望朝廷收复失地之意的，与杜诗结句内容略同，表现则隐约不露。

双调·骤雨打新荷

（金）◎ 元好问

绿叶阴浓，遍池亭水阁，偏趁凉多。海榴初绽，朵朵蹙红罗。乳燕雏莺弄语，有高柳鸣蝉相和。骤雨过，琼珠乱撒，打遍新荷。　　人生百年有几，念良辰美景，休放虚过。穷通前定，何用苦张罗。命友邀宾玩赏，对芳樽浅酌低歌。且酩酊，任他两轮日月，来往如梭。

此曲调名本为“小圣乐”，或入双调，或入小石调。因为元好问之作“骤雨过，琼珠乱撒，打遍新荷”几句脍炙人口，故人们又称此曲为“骤雨打新荷”。元陶宗仪《辍耕录》卷九云：“（小圣乐）乃小石调曲，元遗山先生好问所制，而名姬多歌之，俗以为‘骤雨打新荷’是也。”赵松雪听姬唱此词，赋诗赞曰：“主人自有沧州趣，游女乃歌白雪词。”此曲正是以“白雪词”（高雅的歌曲）抒写“沧州趣”（放浪江湖的逸致闲情）。这里表现的乃是宋元之际文人们一种典型的精神生活，有一定认识意义。

上曲写盛夏纳凉、流连光景的赏心乐事，主写景。看他铺叙的层次，可说是渐入佳景：作者先用大笔着色，铺写出池塘水阁的一片绿阴，并以“偏趁凉多”四字，轻轻点出夏令。然后，在此万绿丛中，点染上朵朵鲜红如罗的石榴花，令读者顿觉其景照眼欲明。进而，写鸟语蝉鸣。而这鸟，专指“乳燕雏莺”，是在春天诞生、此时

刚刚孵出的新雏，其声稚嫩娇软而可喜。那蝉儿想必也是刚出虫蜕，居高柳而长鸣，“居高声自远，非是藉秋风”（唐虞世南《蝉》）也。在这一片新生命的合唱中，池塘水阁平添生趣。到此，作者妙笔生花，在热烈、喧闹的气氛中，特意安排了一场“骤雨”。这雨绝非煞风景，它是过路的阵雨，给盛夏带来凉意，又替画面作了润色。这骤雨持续时间不长，却刚好“打遍新荷”，那景致，恰如后来吴敬梓描绘的：“一阵大雨过了。那黑云边上镶着白云，渐渐散去，透出一派日光来，照耀得满湖通红。湖里有十来枝荷花，苞子上清水滴滴，荷叶上水珠滚来滚去。”（《儒林外史》第一回）那不正是“琼珠乱撒”的写照么？真是“人在画图中”。此乃曲中一段绝妙好辞，无怪“一时传播”（《雨村曲话》卷上）。

下曲即景抒怀，宣扬浅斟低唱、及时行乐的思想。调子是低沉的，又是旷达的。在用笔上，作者一洗上片的丹青色彩，换作白描抒写。“良辰美景”句总括前文，言如此好景，应尽情欣赏，不使虚过。“穷通前定”（命运的好坏乃前世注定）是一种宿命的说法，作者这样说，旨意在“何用苦张罗”，即反对费尽心机的钻营。这种旷达的外表，却掩不住内心的苦闷。“命友邀宾玩赏”二句，谓人生乐趣在流连光景、杯酒，这是从六朝以来，封建士大夫在无所作用之际典型的人生态度。因为光阴似箭，日月如梭，会使他们感到心惊，而在酩酊大醉中，庶几可以忘怀一时，取得片刻的麻醉。

应该指出，下曲表现的思想，即使在封建时代，也是并不高明的。然而在对于自然美的发现和再造上，作者却是做得相当出色和成功。数百年来读者津津乐道的，不是曲中论道之语，而是那“骤雨打新荷”的生机盎然的夏令境界，以及其中流露的浓厚的生活情趣。

此曲写法与词相近。这是因为在宋元之交，词、曲均称乐府，都是被诸管弦，传于歌筵的，所以早期的词曲分疆并不甚严。《莲子居词话》卷二认此曲作词调，就是这个缘故。

舟行青溪道中入歙

（金）◎方　回

蕨拳欲动茗抽芽，节近清明路近家。五日缓行三百里，夹溪随处有桃花。

方回（1227—1307），字万里，号虚谷。徽州歙县（今安徽歙县）人。宋理宗景定三年（1262）登第。累官知严州。元兵至，出降。任建德路总管，不久罢去。有《桐江集》、《瀛奎律髓》等。

此诗是诗人乘舟还乡途经青溪时所作——青溪位于安徽宣城县南，歙州是方回的家乡，与青溪相邻。

“蕨拳欲动茗抽芽”写初春百草萌发的美景。蕨是一种植物，嫩叶可食，初生时形状像小儿拳，故又名蕨拳。“蕨拳”是一种拟人的写法，而“欲动”则借以进一步拟人化，将蕨芽欲发未发，含苞待放的形状描绘出来，使蕨芽充满了生命的活力。同时作者还巧妙地进行了颜色上的对比。蕨芽和茗芽的茎都是紫色。这种嫩紫色的春草投映在碧绿的溪水中，给人一种清新而鲜艳的美感。

“节近清明路近家”点明还乡的季节。清明是令人怀归的节日，多少游子在此时都要唱出忧伤的思乡曲。而诗人此时正好踏上了归途，在美丽的清溪道中悠然行舟。“路近家”三字，透露了诗人摆脱羁旅之苦，即将回到家园时的欣慰和轻松之情，转启三、四句之意。

“五日缓行三百里”两句用倒装的句法说，因为沿途桃花夹岸，风景优美，所以才荡舟缓行，细细观赏。“缓行”二字，不仅体现了诗人沉醉于青溪美景的闲逸之态，而且还蕴含了诗人在“路近家”时坦然舒畅的情怀。末句之“夹岸桃花”，写景中暗用了陶渊明《桃花源记》之典。武陵渔人沿着桃花夹岸的溪水，发现了世外仙境桃花源。此时的诗人在青溪美景中，伴着夹岸的桃花悠然荡舟，那桃花的尽头不就是他那仙境般的家乡吗？句中饱含了诗人对故乡纯朴的感情。

越调·平湖乐·尧庙秋社

（元）◎王　恽

王恽（1228—1304）字仲谋，别号秋涧，卫州汲县（今属河南）人。中统大德年间，历官至翰林学士，嘉议大夫。有《秋涧乐府》。

社坛烟淡散林鸦，把酒观多稼。霹雳弦声斗高下，笑喧哗，壤歌亭外山如画。朝来致有，西山爽气，不羡日夕佳。

这是元代的一首曲子。很短小，属于小令一类。它写的是在尧庙举行秋社祭祀的事情，表现了人们在丰收之后的喜悦心情。作者王恽，河南辉县人，元好问的学生，在元朝累官至中奉大夫，赠翰林学士承旨，曾经出判平阳路（治所在今山西临汾西）。平阳相传是唐尧、虞舜建都的地方。据唐李吉甫《元和郡县志》卷一说，尧庙就在平阳境内的汾水之东。这一首曲子，就作于作者出判平阳路的时候。

曲子并没有正面描写秋社祭祀尧庙的庄严隆重的仪式，而是着力表现参加秋社的人们在祭祀的主要仪式完成以后的歌舞欢乐情景。开始两句，“社坛烟淡散林鸦，把酒观多稼”，是说祭祀已经完毕，社坛的香烟淡淡的，正在随风飘散，而乌鸦们已经吃饱了社肉（祭祀的贡品），也飞向林中散去了。这时，人们才端起酒杯，笑吟吟地欣赏着那原野上已经成熟的金黄的庄稼，显得非常愉快。“多稼”，语出《诗经》，就是丰收的意思。这两句起得很轻松自然，为以下的欢乐场面预先作了铺垫。

“霹雳”以下三句，就写人们的活动。这里的“霹雳”是指一种琴。“壤歌亭”，是尧庙的一个亭子。传说尧时有老人击壤，一边唱道：“日出而作，日入而息。凿井而歌，耕田而食。帝力于我何有哉！”这就是《击壤歌》。亭子也因而叫做壤歌亭。大家就在这青山如画的亭子下，弹奏起霹雳琴，互比高下，人们在欢乐的笑声中载歌载舞，既是庆祝今年的丰收，也是祈求来年更好的收成。从这里，我们可以看到那时古朴的民风和人们的美好希望。在这样的情形下，最后三句，作者自己出来表态了。“朝来”二句用了《世说新语·简傲》中的一个典故：东晋的王子猷生性简傲，不屑为政做官。他当时在桓冲手下做骑兵参军，“桓谓王曰：‘卿在府久，比当相料理（按：即提拔）。’初不答，直高视，以手版拄颊云：‘西山朝来，致有爽气。’”这是顾左右而言其他，表明自己的兴趣不在升官，而在西山美好的景致，要游山玩水。这里借用这个典故，只在说明本地的自然风光很好，自己很喜欢这个地方，舍不得离开。“不羡日夕佳”，又是反用了陶渊明《饮酒》诗中的句子：“山气日夕佳，飞鸟相与还。”意思是因为这里的风景很好，自己也用不着羡慕陶渊明的归隐了，言外之意就在这里好好地努力为政吧！这表明了他积极用世的精神，以及希望为民谋求福祉的愿望。这种态度自然是令人感动的。这对我们今天的领导干部来说，不也具有启发意义吗？

双调·沉醉东风·重九

（元）◎卢　挚

题红叶清流御沟，赏黄花人醉歌楼。天长雁影稀，月落山容瘦，冷清清暮秋时候。衰柳寒蝉一片愁，谁肯教白衣送酒？

卢挚（1243？—1315），字处道，一字莘老，号疏斋，涿州（今河北涿县）人。至元进士，官至翰林学士承旨。有《疏斋集》。

重阳节已经是深秋时节，中国古代文人一般都有悲秋的思想情感，比如战国时宋玉的《九辩》，一开始就写道：“悲哉秋之为气也，草木摇落而变衰。”以后宋代欧阳修也有《秋声赋》，写秋夜的悲凉之情。卢挚的这首小曲也是继承这个传统，写出了自己的悲思。

但是，他开始两句却不是写悲秋，而是写别人的欢乐。“题红叶”一句，是化用唐代红叶题诗的传说，说有一位美丽的宫女题诗在红叶上，投入御沟而流出宫外，被一位士子拾得，以后他们就巧结良缘。这一句和下一句连看，意思是那酒楼歌馆上，男男女女们正在兴高采烈地赏花醉酒，他们男欢女爱，热热闹闹，多么风流，多么自在。这两个对句，为下面的描写作了反衬。

此时，作者本来就没有什么好心情，恰逢这深秋的重阳，更感到孤寂。他抬眼看去，空旷的天上只有大雁稀疏的踪影，向南匆匆地飞去；月亮下沉，山峦也好像变得消瘦了许多。作者忍不住发出感叹：这真是冷冷清清的暮秋时候啊，好不愁煞人也！所以接下来就写“衰柳寒蝉”，来点出自己的满腔愁绪。这时，有谁理解自己的心情，送酒来安慰一下自己呢？“白衣送酒”是用了一个典故，指江州刺史王弘派白衣仆人在重阳节给在篱边赏菊的陶渊明送酒之事。白衣，古代官府衙役小吏穿的衣服。此时谁肯给自己送酒呢？只好冷冷清清地度过这难熬的重阳节了。这和前面描写的酒楼歌馆的热闹情景，形成了鲜明的对照，把重阳悲秋的情绪，和自己处境的孤独寂寞，衬托得非常深刻。

卢挚散曲总的风格是清新流利，自然活泼，前人评为“天然丽语”。这首曲子也很流利自然，只是采用白描手法，写出眼前的所见，而深情自在其中，富于含蓄婉曲的诗思。

双调·夜行船·秋思

(元)◎ 马致远

马致远(?—?),元曲作家,号东篱,元大都(今北京)人。曾任江浙省务提举。元贞间尝与京师才人合撰杂剧,有《破幽梦孤雁汉宫秋》等杂剧十六种,尚存七本。

百岁光阴如梦蝶,重回首往事堪嗟。昨日春来,今朝花谢。急罚盏,夜阑灯灭。

[乔木查]秦宫汉阙,做衰草牛羊野,不恁渔樵无话说。纵荒坟横断碑,不辨龙蛇。

[庆宣和]投至狐踪与兔穴,多少豪杰。鼎足三分半腰折,魏耶晋耶?

[落梅风]天教富,不待奢,无多时好天良夜。看钱奴硬将心似铁,空辜负锦堂风月。

[风入松]眼前红日又西斜,疾似下坡车。晓来清镜添白雪,上床和鞋履相别。莫笑鸠巢计拙,葫芦提一就装呆。

[拨不断]利名竭,是非绝。红尘不向门前惹,绿树偏宜屋角遮,青山正补墙头缺,竹篱茅舍。

[离亭宴煞]蛩吟一觉才宁贴,鸡鸣万事无休歇,争名利何年是彻。密匝匝蚁排兵,乱纷纷蜂酿蜜,闹穰穰蝇争血。裴公绿野堂,陶令白莲社。爱秋来那些:和露摘黄花,带霜烹紫蟹,煮酒烧红叶。人生有限杯,几个登高节。嘱咐俺顽童记者:便北海探吾来,道东篱醉了也!

此套曲各本颇有异文,今据《中原音韵》,参他本酌改一二字。别本或无题,《中原音韵》、《尧山堂外纪》俱题作"秋思"。全曲主要抒发愤世恬退的思想感情,在当时及后世颇受推崇,是马致远散曲的一篇力作。

此曲从谋篇布局到遣词造句均自然而精到。结构上是取先总后分,最后重唱的格局。首曲〔夜行船〕是全套的大纲,言人生若梦,对酒当歌。先用庄周梦蝶的故事兴慨,这里堪嗟的"往事",不仅就一己而言,实暗含往古在内,直启后文的怀古悼亡之意。"昨日春来,今朝花谢"的夸张说法,极见青春易逝;"急罚盏(急令饮酒)"而"夜阑灯灭",又可见行乐亦恐不及,何况不知惜阴者耶!又为后文"辜负风月"伏笔。短短几句,发唱惊挺,纲举目张。

〔乔木查〕、〔庆宣和〕两曲承"往事堪嗟",言古来帝王豪杰的功业与荣华的不足恃。人世沧桑,千年走马,"秦宫汉阙"居然"做衰草牛羊野",真可慨叹。难道轰轰烈烈的历史就未留一点儿痕迹么?也不尽然。在渔人樵夫的闲话中,还流传着古老的故事。也就仅此而已。"不恁渔樵无话说",语极冷峭,耐人回味。即使是帝王陵寝,也"纵荒坟横断碑,不辨龙蛇",何况那些"投至狐踪与兔穴"的英雄好汉呢?几句语极悲凉,真是"古今将相在何方,荒冢一堆草没了"(《红楼梦·好了歌》)。"不辨龙蛇"语带双关,既是说不辨碑上字迹,又指不辨贵贱尊卑。孔尚任《桃花扇》有一套著名的[哀江南],其中写道:"野火频烧。护墓长楸多半焦。牛羊群跑,守陵阿监几时逃?……谁祭扫,牧儿打碎龙碑帽。"便可看做此曲的发挥,可以参读。"鼎足三分半腰折,魏耶晋耶?"二句暗用了陶渊明"不知有汉,无论魏晋"的名言,非常精炼:汉室三分,天下呈鼎足之势;然曾几何时,三国归晋,而晋亦不免覆亡,如此类推,其意可知。

〔落梅风〕一曲,由怀古转入讽世,言富贵不足恃,对时人作当头棒喝:"天教富,不待奢!"可惜世人多昧于此,富贵与贪痴往往是形影追随的。发财的人越好聚敛,乃至终生掉在钱眼里不能自拔,无从知解人生乐趣。元人称吝啬鬼为"看钱奴",其本性冷酷("硬得心似铁"),结果是对自己的冷酷,辜负了"好天良夜"、"锦堂风月"。所谓"终朝只恨聚无多,及到多时眼闭了"(《好了歌》)。作者的冷嘲是非常有力的。

通过悼古和讽世,作者表明了自己所否定的乃是时人追求的功名富贵;进一步,在〔风入松〕、〔拨不断〕两曲中,他转而歌咏自己肯定的处世态度和生活情趣。紧接前文"没多时好天良夜",写出"眼前红日又西斜,疾似下坡车"这样一个通俗而新鲜的比喻。一天又过了,自然人又老了一头。"晓来清镜添白雪"用李白"高堂明镜悲白发,朝如青丝暮成雪"句意。于是这看破红尘的人决心告别一切的庸俗、机巧,决心守愚、守拙(其实是大智如愚、大巧若拙),关上门儿稳睡。这几句说得很俏皮，不说告别尘世，而说告别“鞋履”，还隐含今天晚上脱了鞋、不知明天穿不穿的意思；不说自己不善钻营，却说“鸠巢计拙”（俗谓班鸠不会营巢），颇有几分玩世不恭的意味。王世贞说“上床”句“大是名言”，不仅是因其内容的觉悟性，也是因其语言的独创性。在“名利竭，是非绝”两个斩钉截铁的短句后，作者推出一长串优美宜人的景语：“红尘不向门前惹，绿树偏宜屋角遮，青山正补墙头缺。”“绿树”、“青山”二句是巧妙地改造了孟浩然“绿树村边合，青山郭外斜”的名联，而信手拈来的“红尘”一句，对仗多么工新天成。作者的“竹篱茅舍”就建在这样一片未曾受过污染的天地里，多么可爱。全曲虽然多作虚无旷放之言，但这些生意盎然的句子，仍流露出对生活的依恋。

到此，讽世与恬退之意，两方面都写到了。在内容上似已无可增补，但元人散曲与诗词不同，不是务为含蓄蕴藉，而是务为淋漓尽致。抒情的套曲煞尾，往往有对前若干曲的反复歌咏。关汉卿〔南吕·一枝花〕（不伏老）是如此，马致远此套也是如此。好比歌曲结尾的副歌，能增唱叹之致。〔离亭宴煞〕既是总括前曲，又是再度致意，将上文的两方面意思作更加充分的发挥。前六句为一层，承前慨时讽世之意。“蛩吟一觉才宁贴”在语意上则继“上床与鞋履相别”来，“鸡鸣”句则开出一番争逐名利，是非蜂起的世态人情幽默画：“密匝匝蚁排兵，乱纷纷蜂酿蜜，闹穰穰蝇争血。”用群聚忙碌的昆虫来形容人群，或是受唐传奇《南柯太守传》的启发，又加创新推广，寓否定功名利禄的思想，也形象地反映了元蒙时代争权夺利、如蝇逐臭的丑恶社会现实。这就将前文的讽世内容，写得更充分，更具体。后十一句为一层，重申个人志趣。以“裴公绿野堂，陶令白莲社”喻指退出官场后恬居的“竹篱茅舍”。唐相裴度晚年因宦官专权隐退，在洛阳筑绿野草堂；白莲社是晋僧慧远在庐山发起的宗教组织，邀陶渊明参加未果，此

处未拘事实，以字面取对。以下四句进一步写隐者生活乐趣，“黄花”、“紫蟹”、“红叶”这些鲜明的形象，加上“和露”、“带霜”等字面，更突出了秋令的特色，可谓色香味俱全。“摘黄花”插发，“烧红叶”煮酒，而“烹紫蟹”以佐之，正是重阳佳节的乐事。想到人生有限，重阳无多，故须登高饮酒，一醉方休。最后，作者以嘱咐童子的口吻道，即使是好客的孔融来访，也应推辞不见（东汉北海太守孔融曾说：“座上客常满，樽中酒不空，平生愿足”）。这就照映了前文“上床与鞋履相别”、闭门稳睡之意。同时信手拈来“北海”与自号“东篱”作对，亦妙。用对话吩咐的口吻作结，尤饶摇曳之姿。

全曲用第一人称的口吻抒写情怀，语言爽朗流畅，无论说古道今，讽世述怀，均能前后映带，一气贯注，形成一股豪放高亢的音情。而结构上又非一泻无余，而是两步重唱，有波澜荡漾。虽间涉理路，却并非抽象的论道，而是用极富形象性的语言予以演说。曲中的三组鼎足对乃全套的“务头”，“绿树”、“青山”、“黄花”、“紫蟹”、“红叶”的描画，“密匝匝”、“乱纷纷”、“闹穰穰”的形容，绘声绘色，为曲子生色不少。在造语铸词上，既像是满心而发、肆口而成，又做到推敲精当、毫发无憾。元人周德清赞道：“不重韵，无衬字，韵险语俊。谚曰百中无一，余曰万中无一。看他用蝶、穴、杰、别、竭、绝字，是入声作上声；灭、月、叶是入声作去声，无一字不妥。”（《中原音韵》）王世贞则称其“放逸宏丽，而不离本色……元人称为第一，真不虚也”（《艺苑卮言》）。

张可久(1270? —1348后)，元至正初（1335）已七十多岁，八年尚在。字小山，庆元府(今浙江宁波)人。平生怀才不遇，放情山水。曾以路吏转首领官，为桐庐典史，暮年居西湖。

双调·折桂令·九日

（元）◎ 张可久

对青山强整乌纱，归雁横秋，倦客思家。翠袖殷勤，金杯错落，玉手琵琶。人老去西风白发，蝶愁来明日黄花。回首天涯，一抹斜阳，数点寒鸦。

张可久是元代著名的散曲作家。他做过小官，仕途很不得志，晚年以山水自娱。这首小曲，就是他晚年的作品，表现了在重九日中的羁旅愁思和晚景的落寞。

重九到来，作者也和大家一道登高望远，饮酒赏花，这本来是很高兴的事情。但是，他现在久居异乡，看见那横空的秋雁在急急南飞，不禁勾起自家的一片乡思。“对青山强整乌纱”，是用了晋代孟嘉落帽的典故。孟嘉喜酒肉，淡漠于事。时值重阳佳节桓温设宴，孟嘉的帽子被风吹落而安坐不知。这里也是暗用了杜甫诗意：“老去悲秋强自宽，兴来今日尽君欢。羞将短发还吹帽，笑倩旁人为正冠。”（《九日蓝田崔氏庄》）“强整乌纱”，也就是悲秋而强自宽的意思。“翠袖”三句，是写酒席间女子殷勤地给自己劝酒，她们还用纤纤玉手弹奏琵琶，对酒当歌，应当是很开心的了。但是，情况却不是这样。“人老去”两句，就写自己的颓然衰老，对西风满腹愁绪，怎么还能够开心呢！“明日黄花”，即花事易过，鲜花很快就会凋谢，比喻年华易逝，岁月催人。这里也暗用了唐代郑谷诗句“节去蜂愁蝶不知”（《菊词》）和苏轼词句“明日黄花蝶也愁”（《南乡子·重九涵辉楼赠徐君猷》）的意思，化用得如盐着水，不着痕迹，运思巧妙。

最后三句，是写眼前景色：看看天边，夕阳西下，还残留着些许余晖，几点寒鸦正在飞归山林。这景象真是一片惨淡，衬托着作者的满腹愁怀。“回首天涯”，也是暗示着作者在回顾自己的往昔，像这里的景色一样，也是一片黯淡，往事不堪回首。这里是以景作结，让具体生动的自然景物给读者以广阔的想象空间，把作者的岁月催人，年华不再，以及倦于久客异乡的惆怅情绪，都包蕴其中，让读者自己味而得之，意味更加深长。

双调·折桂令·客窗清明

(元)◎乔　吉

风风雨雨梨花，窄索帘栊，巧小窗纱。甚情绪灯前，客怀枕畔，心事天涯。三千丈清愁鬓发，五十年春梦繁华。蓦见人家，杨柳分烟，扶上檐牙。

乔吉(？—1345)，一名吉甫，字梦符，号笙鹤翁，又号惺惺道人。太原人，流寓杭州。剧作存目十一，有《杜牧之诗酒扬州梦》等三种传世。

这首小曲是写清明节的。作者寄居异乡，蜗居独处，不免孤寂。作者乔吉本是山西太原人，后来流寓杭州等地，一生潦倒，孤独老病以卒。他的曲子，多寄情诗酒，表现闲适颓放的情绪。

这首曲子作于他五十岁的清明节。清明节正是梨花开放的季节，但是风风雨雨，它也经不住多少吹打，很快就凋零了。这也暗示出作者的身世。此时，作者流寓异乡，住在窄小的房子里，“窄索帘栊，巧小窗纱”，就是对居处窄逼的真实描写，作者穷困潦倒的处境也就不言自明了。这时是什么情绪呢？以下五句，就是具体写这种情绪的。首先是羁旅愁思，离乡背井，孤零零一人住在远远的天涯，夜里孤灯独照。这情绪应该是什么样的呢？作者这里使用一个问句，但却是自问自答，把自己的愁绪蕴含在具体的形象描写之中。接下来又对这种情绪作了更深入一层的描写：“三千丈清愁鬓发，五十年春梦繁华。”“三千丈”是用了李白《秋浦歌》中的句子“白发三千丈，缘愁似个长”的意思。而这些愁又是从哪里来的呢？那就是“五十年春梦繁华”，回想过去的四十九年，就像一场春梦一样，匆匆过去，了无痕迹，现在是难以追寻了，如今碰见清明节，怎不叫人格外伤怀？

最后三句，“蓦见人家，杨柳分烟，扶上檐牙”，掉笔一宕，把视线从客居的小屋移向窗外人家，但见门前的杨柳绿得如烟如雾，欣欣向荣地满含生机，长得与屋檐一样高了，到处是一派春天的景致。此情此景，使我们想起李清照《永遇乐》词中的句子：“如今憔悴，风鬟雾鬓，怕见夜间出去。不如向帘儿底下，听人笑语。”就是用人家的欢声笑语来反衬自己的寂寞伤神。这里所写的，正是李清照当年的那种情况，用生机蓬勃的杨柳，来反衬如今天涯游子年岁老大，而又漂泊异乡的凄凉孤独之感。这种孤独之感、凄凉之情，正是作者晚年生活的真实写照。

双调·蟾宫曲·送春

（元）◎ 贯云石

问东君何处天涯？落日啼鸦，流水桃花，淡淡遥山，萋萋芳草，隐隐残霞。随柳絮吹归那答？趁游丝惹在谁家？倦理琵琶，人倚秋千，月照窗纱。

贯云石（1286—1324），畏吾人，阿里海涯孙，父名贯只哥，遂以贯为氏，名小云石海涯，自号酸斋。仁宗朝拜翰林侍读学士，后称疾辞仕，移居江南。卒后追封京兆郡公，谥文靖。

送春曲，一起将春人格化，直呼“东君”，问他到远方何处去了。然后一气五句写暮春物候：落日啼鸦、流水桃花、淡淡遥山、萋萋芳草、隐隐残霞，其中后三句为鼎足对，是散曲延展了的一种对仗辞格，以寓取酣畅之致。

忽从书面化的语言，转入口语化的问话：你究竟随柳絮吹归哪答（何处）？趁游丝沾惹谁家？柳絮、游丝皆暮春随风飘浮之物，一旦飞尽，春也归了，虽常情，却问得别致。

最后推出一个伤春人的形象：她是那样的慵倦，对着琵琶却不想弹琵琶，倚着秋千却不想打秋千，月照窗纱还不能入睡。不管她是何年龄，总是又送走一个春天了。

正宫·小梁州四首

（元）◎ 贯云石

春

春风花草满园香，马系在垂杨。桃红柳绿映池塘。堪游赏，沙暖睡鸳鸯。

[幺]宜晴宜雨宜阴旸，比西施淡抹浓妆。玉女弹，佳人唱，湖山堂上，直吃醉何妨。

夏

画船撑入柳阴凉，一派竹簧。采莲人和采莲腔。声嘹亮，惊起宿鸳鸯。

[幺]佳人才子游船上，醉醺醺笑饮琼浆。归棹晚，湖光荡，一钩新月，十里芰荷香。

秋

芙蓉映水菊花黄，满目秋光。枯荷叶底鹭鸶藏。金风荡，飘动桂枝香。

[幺]雷峰塔畔登高望，见钱塘一派长江。湖水清，江潮漾，天边斜月，新雁两三行。

冬

彤云密布锁高峰，凛冽寒风。银河片洒长空。梅梢冻，雪压路难通。

[幺]六桥倾刻如银洞，粉妆成九里寒松。酒满斟，笙歌送，玉船银棹，人在水晶宫。

贯云石晚居西湖,视杭州为第二故乡。《正宫·小梁州》分别以春、夏、秋、冬为题,画出杭州西湖的四季风光。

“春”写游园。春风和煦,花香草绿,园林外马系在垂杨,人呢?不言而喻,游园去了。园内桃红映日,柳绿映水,实在好玩。“泥融飞燕子,沙暖睡鸳鸯”,“水光潋滟晴方好,山色空蒙雨亦奇。若把西湖比西子,淡妆浓抹总相宜”,作者一高兴,笔底驱使杜工部、苏东坡奔走不暇。

加上“系马高楼垂柳边”(王维),诗中化用唐宋诗名句不少,增添了许多的雅致。最后写到湖山堂小酌,“玉女弹,佳人唱”,倒也罢了,结尾却来一句大白话“直吃醉何妨”。杂烩雅俗,构成谐趣,可称本色。

“夏”写游湖。人在画船,船入柳荫,一边赏美景,一边听乐曲。忽然传来一阵歌声,把船中人的注意力引将过去,原来是采莲姑娘在唱《采莲曲》,歌声是那样嘹亮,恰是五代词中情景:“乘彩舫,过莲塘,棹歌惊起睡鸳鸯。”(李珣)

游船上,江南才子,吴越佳人,谈笑欢洽,饮兴大增。待到酒阑歌竟,整装归去时,已是一弯新月当空,十里莲塘弥漫着荷花的香气,游人如在梦幻,哪还有半点夏日暑气,全是一派清凉世界。

游湖消夏,选材典型。“采莲人”、“采莲腔”的重叠,“一钩新月”、“十里芰荷”的对仗,为作品增添了声情和风韵。

“秋”写登高。先描绘金秋景色：水边芙蓉赤，篱下菊花黄，荷叶已枯，桂花飘香，水塘中有鹭鸶偷偷窥伺鱼虾。较之春夏，已别是一番风光。

重阳节登高，在雷峰塔畔放眼一望，大江下游入海口的钱塘，江面特别开阔。近处的西湖碧波，与远处的钱塘潮水，此时俱收眼底，一派秋高气爽。到了傍晚，天上一片斜月高挂，几行新雁南飞，久久不想回去。

此曲除准确捕捉秋天物候，同时抓住杭州湖山特征，便觉不可移易。

“冬”写雪景。未写大雪，先以彤云、寒风预报气象，甚有理致。写下雪联系到“银河”，从来没有人道过。雪是水化的，从天而降，又是银白的，联想到银河，自然入妙。因雪及梅，便不俗。雪封了路，又可见原野一片白茫茫。

再看西湖，已是冰雪世界：六桥桥孔成了银洞，九里寒松如经粉扑，载着歌酒的画船成了玉船，湖上湖下、湖里湖外，皆成琼瑶，游人恍恍惚惚，如掉进水晶宫。

曲抓住雪景的特点，一再运用银、粉、玉、水晶等字面形容景色，再现了冬日西湖冰清玉洁的美景，颇具奇趣。

滦京杂咏(录三)

(元)◎ 杨允孚

杨允孚(？—？)，字和吉，元吉水(今属江西)人。以布衣襆被，岁走万里。凡所见山川各物，典章风俗，莫不以诗记之。惠宗时为尝食供奉之官。有《滦京杂咏》一卷。

汲井佳人意若何，辘轳浑似挽天河。我来濯足分余滴，不及新丰酒较多。

出塞书生瘦马骑，野云片片故相随。冻生耳鼻雪堪理，冷入肝肠酒强支。

买得香梨铁不如，玻璃碗里冻潜苏。书生半醉思南土，一曲灯前唱鹧鸪。

滦京即元代的上都，本蒙古国之开平府，中统五年加号上都，治所在今内蒙古锡林郭勒盟正蓝旗。因为接近滦河，又称滦京。据罗大已跋云："杨君以布衣从当世贤大夫游，襆被出门，岁走万里。耳目所及，穷西北之胜，具江山人物之形状，殊产异俗之瑰怪，朝廷礼乐之伟丽，尤喜以咏歌记之。"可知《滦京杂咏》一百首，是杨允孚北游纪行之作。诗多记途中景物及风土人情，为诗坛增添了一股清冷新鲜的空气。原作过半数有注。"汲井佳人"一首注云："此地悭水故也"；"出塞书生"一首注云："凡冻耳鼻，即以雪揉之方回，近火则脱"；"买得香梨"一首注云："梨子受冻，其坚如铁，以井水浸之，则味回可食。"对于理解原诗大有帮助。

这组诗首先以异域风情动人，诗中所写的都是前人诗中未曾写过的西北蒙古族人民的生活情事，这就为读者打开了一扇新的窗子，开辟了前所未有的题材领域，展开了一幅新的生活画卷。沙漠缺水，所以打井很深，辘轳取水也相当费力费时，在南方人看来简直就和引水于天河差不多——难于上青天。要讨一口水喝也属不易，洗脚更属奢望。女房东给水，简直就像斟酒一样，恐怕只够擦擦脚了。可须知当地人是终年难得一洗头面的。漠北天气很冷，暴露在外的耳鼻是最容易冻伤的。耳鼻冻木时，可千万不能急近火烤，谨防烤掉。只能用雪轻轻揉搓，使之慢慢恢复知觉。这些经验之谈，必是请教当地人得到的。生来乍到极远的北国，应该“每事问”呢。这里虽然没有江南的繁花，但梨子还是有的。只不过受冻后其坚如铁，下不得口。这也不要火烤，只须用井水浸泡在玻璃碗内，自然温度回升，生脆可口。诗人就这样津津有味地将他亲历亲见的一桩一桩新奇事儿讲给读者听。不需要作任何夸张，也不需要添枝加叶，读者就被这些生活情事本身给吸引住了。真是大开眼界，大长见识。仅此实录，就是对绝句创作的贡献。

其次就要说到诗句的风趣逗人，表现出浓厚的好奇心和人情味，这也是组诗成功的要素。本来漠北风沙很大，蒙族妇女皮肤也较江南仕女粗糙，穿戴也较臃肿，加之经常劳动，体格健壮。这形象一般与传统诗歌中的“佳人”不搭界，可诗人偏偏称之为“汲井佳人”。这不完全是嘲戏，而是带有一种友善的口吻，其间也表现出诗人对蒙古族女子健美的欣赏。诗人不直接说不习惯不洗脚，也不直接说对方给的水太少，而说“我来濯足分余滴，不及新丰酒较多”。“新丰美酒斗十千”(王维)，得之非易。这就形象而有趣地写出了当地水源的缺乏和用水的艰难。在写到滦京的苦寒，“冻生耳鼻”、“冷入肝肠”，似乎不堪。但诗人紧接又缀以“雪堪理”、“酒强支”，也还有一点对付的办法。颇有聊胜于无的慰藉。同样，说到“买得香梨铁不如”，是很遗憾的语气。然而“玻璃碗里冻潜苏”，又找到了解决的办法。凡此都有山重水复、柳暗花明的意趣。总之，诗人在北方虽有很多不习惯，很多苦处，但他还是对这里的生活发生了浓厚的兴趣，爱上了它。这从他那不无幽默的笔调里，得到了充分的反映。这种乐观的生活态度也感染了读者。

最后就是出现在这些诗里的抒情主人公形象，是丰满的、可亲的。他每到一处都随和地接人待物，向牧妇讨水便是一例。他是一个书生，却不喜索居幽栖，骑了一匹瘦马在这北方的原野上和野云相追随。然而和一切游子一样，他也深怀乡土之思。在酒后，“书生半醉思南土，一曲灯前唱鹧鸪”。《鹧鸪曲》是唐时流行的南方思乡曲，据说鹧鸪这种鸟儿“飞必南翥”，其鸣声像是“行不得也哥哥”。《鹧鸪曲》就是效鹧鸪之声的，音情凄惋。郑谷《席上贻歌者》云：“座中亦有江南客，莫向春风唱鹧鸪。”那还是在内地。而杨允孚本人为南方人，又处在漠北，当他“一曲灯前唱鹧鸪”时，思乡之情有多强烈，就不待言了。充满乡土之爱，是这组绝句的又一感人之处。

双调·水仙子·居庸关中秋对月

宋方壶(? —?),名子正,元末明初华亭(今上海松江)人。

(元)◎ 宋方壶

一天蟾影映婆娑,万古谁将此镜磨?年年到今宵,不缺些儿个。广寒宫好快活,碧天遥难问姮娥。我独对清光坐,闲将《白雪》歌,月儿,你团圆我却如何?

这首曲子是写中秋节的,地点是在居庸关。居庸关在今北京昌平,是一个很险要的关隘,坐落在莽莽苍苍的万山丛中。它同时也是一个风景点,称“居庸叠翠”,为燕台八景之一。元代在那里建了云台,可以游览凭眺。作者宋方壶,名子正,华亭(今上海松江县)人。本首通过赏月写自己的飘零身世,寄托对处境的感伤情绪。

前四句是写在居庸关凭高眺望中秋的一轮圆月,觉得在层层叠叠的山峦上显得分外的明亮。这里的“蟾影”是指月光,因为古人传说月中有三足蟾蜍,故称。作者不禁好奇地发问,亘古以来是谁把这像一面镜子一样的月亮磨得这么明亮呢?而且,每到中秋之夜,一点儿也不缺,总是这么圆啊?这里暗示了作者漂泊异乡,与家人不得团圆的伤感。

接着,作者由圆月想到了月宫。他想那月亮里的广寒宫(传说中月宫名),因为月亮经常团团圆圆,该是多么快活呀!但是这地远天遥,怎么去寻问月宫里的姮娥(也就是嫦娥,传说月宫中的仙女,据说是偷吃了后羿的灵药飞身奔入月宫的)呢?于是作者进而写道:“我独对清光坐,闲将《白雪》歌,月儿你团圆我却如何?”在非常孤独的情况下,作者只能自歌自唱(《白雪》歌是古曲名),然而仍然不能排解自己的心绪,最后还是忍不住问了月亮,而且问得多么急切:您倒快快活活地团圆,这地下孤零零的我,该怎么办呀?我们读到这里,不禁会心一笑,笑作者多么痴心!但是,作者在百无聊赖、愁绪万端的情况下,也只能这样才能暂时慰藉自己的孤独和寂寞。这些看来是想入非非,但却是一个常人在极端愁苦情况下心灵之光的折射。整首曲子通俗易懂,如同白话,但在作者层层推进的描写中,造成了起伏变化之妙,直到最后一句问话,出人意料地把情绪推到了高潮,把自己在异乡漂泊的孤独之情表现得淋漓尽致。

清明呈馆中诸公

（明）◎高　启

新烟著柳禁垣斜，杏酪分香俗共夸。白下有山皆绕郭，清明无客不思家。卞侯墓上迷芳草，卢女门前映落花。喜得故人同待诏，拟沽春酒醉京华。

高启（1336—1374），字季迪，元长洲（今江苏苏州）人。元末隐居吴淞青丘，自号青丘子。与杨基、张羽、徐贲并称“吴中四杰”。洪武初，召修《元史》，授翰林院国史编修。拜户部侍郎，不受。后被明太祖借故腰斩。有《高太史全集》。

此诗作于明太祖洪武三年（1370）暮春，作者时任翰林院编修，在南京。“馆中诸公”即指翰林院中的僚友。

清明节，旧时风俗为人们扫墓祭祖的日子，所以最易触发客居在外游子的乡思。这首诗所抒写的心情也大抵如此，只是它表现得特为含蓄委婉、曲折隐微，在高启的律诗中又是一种格调。

“清明无客不思家”，既曰“无客不”，自然也包括作者自己在内。不过，全诗直接抒写思家之情语，仅此一句，其余则着力描写景物，如垂柳、青山、芳草、落花等，可谓色彩缤纷，明丽如画，甚至有画所难到者。但这一切，似并未使作者陶醉，从而消释其思家之情，相反地，见景生情，反而更衬托、引发了它。

“新烟”，古时风俗，清明前一天为寒食节，禁火冷食，次日重新生火，故曰新烟。“杏酪”，旧时寒食节所食用的糊状食品，研碎杏仁，浇以糖稀制成。宫墙外的垂柳，丝丝异碧，新烟萦绕；人家所精心制作的杏酪，散发出阵阵的芳香。这风光节物无不在告诉作者清明节的到来，自然也唤起他往岁在家乡与家人共度佳节

的种种回忆。这一来，客居青山环绕的京师金陵(白下,古城名,相传为东晋陶侃、苏峻时所筑,故址在今南京市金川门外,诗中借指金陵)的作者,自然思念起家乡来了。

五、六两句,意更深曲复杂。“卞侯墓”,晋尚书令卞壶的墓,故址在南京朝天宫附近。“卢女”,《江宁府志》:“三山门外，昔有妓卢莫愁家。此有莫愁湖。”“迷芳草”,芳草萋萋,一片凄迷,化用《楚辞·招隐士》语:“王孙游兮不归,春草生兮萋萋。”已寓有思归之意。而作者偏又以芳草与卞侯墓并置,以落花与莫愁女映照，似更寓有富贵难久持,盛时难长留的感慨。作者来京前曾写道:“北山恐起《移文》诮,东观惭叨论议名。”(《被诏将赴京师留别亲友》)于《赴京道中逢还乡友》诗中又曾写道:“我去君却归,相逢立途次。欲寄故乡言,先询上京事。”对自己来京任职,内心显然已有矛盾和疑虑。加之写罢此诗后仅四个月,朱元璋召见作者,面授户部侍郎,他却固辞不受,遂被放还。因而,在他的思家之情中交织有上述的感慨,就是很自然的事了。也正是因此，他才写出了末尾两句的强自宽慰之词:幸而有几位同院的故友,可与沽酒共饮,一醉京华。曰“喜得”,意谓可喜的是，或令人高兴，值得庆幸的是，其意正是针对暗含于上述节物风光描写中的寡欢、不幸心情而言,而“醉京华”之“醉”,也是为了遣闷宽怀而醉,非缘欢快而醉。

客中除夕

（明）◎袁　凯

今夕为何夕？他乡说故乡。看人儿女大，为客岁年长。戎马无休歇，关山正渺茫。一杯柏叶酒，未知泪千行。

袁凯（？—？），字景文，号海叟。华亭（今上海松江）人。元末为府吏。明初由举人授御史。因事为太祖所恶，伪为疯癫，遂以病罢归。有《海叟集》。

此诗写除夕夜旅居异地的乡思客愁。诗一起对仗——“今夕为何夕”关“除夕”，“他乡说故乡”关“客中”，出语含蓄，暗示客愁。此联叠用“夕”、“乡”二字，“今夕为何夕”句化用杜诗“今夕复何夕”（《赠卫八处士》）。

“看人儿女大，为客岁年长”写客居生活的冷清和乡思的绵长。目睹他人儿女已逐渐长大成人，屈指一算，自己客居他乡已有不少年岁了，从此勾起自己漂泊异乡，未能与家人共享天伦之乐的辛酸。叙事中有怀才不遇、壮志难酬的悲愤，有滞留他乡、思归无计的凄寂，隐含着乡思和回归故里的迫切心情。

“戎马无休歇，关山正渺茫”写淹留他乡、岁暮不归的原因。硝烟遍地、烽火连天，在无休止的严酷战争中，关山阻隔，回归故里的梦想竟成了泡影，这就难怪作者要频到醉乡、借酒浇愁了。

“一杯柏叶酒，未知泪千行”写以酒消愁愁更愁。柏叶酒，以柏树叶浸制的酒。因柏树岁寒不凋，故旧时习俗取其叶浸酒，元日饮用，以祝长寿。除夕本是合家欢聚、共享天伦的传统节日，良宵仍处客中，怎不叫人神伤？“千行”，状泪之多，涕泗纵横。诗人的泪水中，既有客中除夕的乡思客愁，更包含着对世事的忧虑及对战乱中百姓苦难的关注。

此诗在情怀和用语上皆近杜诗，三、四句特别有味，为杜诗未曾道语。

李东阳(1447—1516),字宾之,号西涯,明茶陵(今属湖南)人。天顺八年(1464)进士。供职翰林院三十年,官至侍讲学士。曾依附宦官刘瑾。提倡"文必秦汉,诗必盛唐",影响颇广。成化、弘治年间,形成以其为首的茶陵诗派。有《怀麓堂集》、《怀麓堂诗话》。

九日渡江

(明) ◎ 李东阳

秋风江口听鸣榔,远客归心正渺茫。万里乾坤此江水,百年风日几重阳。烟中树色浮瓜步,城上山形绕建康。直过真州更东下,夜深灯火宿维扬。

此诗作于成化十六年(1480),时作者为翰林院侍讲兼应天府(今南京)乡试考官,了却公事,游览了南京的名胜古迹,然后经扬州、徐州、德州、通州北上,所作诗文编为《北上录》。作者《后登舟赋》序云:"成化庚子秋九月八日,予与洗马罗君明仲校文完事,归自南都。越一日重九,放舟龙江。"此诗即为北上的第一首诗。

"秋风江口听鸣榔"二句由舟中所见过渡到舟中所想。秋日江上,渔帆片片。诗人乘舟东下,江上所见,唯渔帆为多。渔人以鸣榔(捕鱼时敲打船舷的木条)为信号,关照、催促着同行者抓紧捕捉。他们以捕鱼为乐,毕竟与归客之乐不同。"渺茫"者,时地远隔,模糊不清也。《北上录序》云:"既乃瞻望都邑,顾怀庭闱,慨王事在躬,而思奉养之靡及,尤有不能已者矣。"归返是愉快的。既登程,则不免又百感交集,一时间出现了复杂的心态,思绪纷乱,竟理不出头绪了。"归心正渺茫",道的就是诗人这种复杂的心绪。对比之下,诗人反不如渔翁之乐。但这应理解为诗人责己严而周,又在考虑北归之后要做的事了。

“万里乾坤此江水”两句写诗人的“归思”。一从空间，一从时间立说。诗人当此重九佳节，却舟行江水之上，既念天地之无穷，复念时间之有限，前句用比，后句直叙。以有限对无穷，往往使人感慨系之。陈子昂的“念天地之悠悠，独怆然而涕下”，发的正是诗歌革新的事业做不及、做不完的感慨。李东阳主天下文柄，又留心于政务，则其一生要做的事，当如山积。然时间有限，天地悠悠，以有限的一生，无法做完天地间的伟业，这就是诗人发出的感慨。这四句从总体上看，思路前后一致，是“归心正渺茫”的进一步充实，并使我们窥得诗人积极的生活态度。

“烟中树色浮瓜步”两句由前面的舟中所想再过渡到舟中所见。与本诗差不多同时写的《后登舟赋》，写的也是舟中所想所见，诸如“视遥川与碧树，杳秋色兮相缪”，“平原莽其在望，芳草萋兮未已”等句。不过这篇赋所写的沿途景色，是到仪征为止。而本诗所写的风帆由北转东却尚未转东之时，故所见远则瓜步，近则建康，遥川、平原尚不收眼底。诗人远远看到的瓜步山上迷茫的烟树像是漂浮在江水之中一般，虽不及“乾坤日夜浮”的洞庭湖那样浩瀚无际，却也表现了长江的壮阔气势。近看金陵，诚是钟山龙盘、石头虎踞，其雄奇险要，与长江气势相辅相彰，此时也许冲走了诗人的种种心态，精神为之一爽了！正在“风帆东下，顾而乐之”（《后登舟赋序》），他们向扬州进发了。

“直过真州更东下”二句写从真州到扬州的况味。到达真州时，天未暮，“直过”，正描述风帆之速与不肯稍事停息之意。“更东下”，则本次航行的目的地乃是扬州，而到达扬州之时已是深夜。结尾自然而富余味。

西湖曲四首

（明）◎ 李东阳

湖波绿如剪，美人照青眼。一夜愁正深，春风为吹浅。

不信湖中好，侬身别有家。翻愁岁华尽，不敢采莲花。

风落平沙稻，霜垂别渚莲。西湖三百亩，强半富儿田。

草碧明沙际，花红试雨初。官船荡李桨，惊散一双鱼。

一曲写湖水之美令人开怀。前二句中“剪”、“照”为炼字或句眼。通常形容水色是“绿如蓝”、“碧于天”等等，“绿如剪”乍读是不通的。玩味之下，始觉着一“剪”字，则把偌大湖面比作锦绣一块，这就赋予湖面柔软的质感。诗人常将春波比拟地称为“縠纹”，杜甫道：“焉得并州快剪刀，剪取吴淞半江水。”便有同妙。下句的

“照”字又将湖面比着明镜，“青眼”是充满爱悦的目光，可知美人见了湖水很开心。所以下两句说，本来昨夜愁很深，这时一下子就烟消云散了。不过诗句是“一夜愁正深，春风为吹浅”，这当中有一个跳跃，即：春风吹绿了湖水，湖水使美人开心，等于春风吹浅了深愁。由于省略了中间环节，诗句就突兀奇妙耐人玩索。而两句中“深”、“浅”二字构成跌宕，又有唱叹之妙。

二曲写采莲女伤逝的情怀，“不信湖中好，侬身别有家”这两句很耐味，关键在于“别有家”三字，是指湖

边的娘家，还是将归的婆家。看来是指后者。盖西湖女儿以湖为家，身既长成，又当别有所属。她实在舍不得湖上这个家，“不信湖中好”是违心的话，她此刻唯愿将去的那家更好。但这并没有把握。“侬身别有家”表现出一种忐忑不安来。所以她宁愿留住岁华，推迟那个日子的到来，以至于不敢采莲花了。因为莲花一尽，岁华亦逝；似乎留住莲花，也就留住了岁华。“翻愁岁华尽，不敢采莲花”是痴话，而本篇之妙便在傻趣。

三曲写湖畔田亩及其归属。“风落平沙稻，霜垂别渚莲”，秋来收获的季节，湖畔平地稻子熟了，风吹稻浪，霜打莲子，别是一番景致。这是写景，也是起兴。“西湖三百亩，强半富儿田”，第三句仍承上写景而来，写湖畔田土之广。末句却横斜中杀出一意，仿佛半路里遭抢劫似的，突然算起土地所有权的账来。说大好湖田，被少数富儿占了半数以上，则多数贫户占得几分几亩，可想而知。这种突然袭击式的写法和诗中批判性内容，非常合拍，令人击节。

四曲写湖上的闲情。“草碧明沙际，花红试雨初”，上句写湖畔草色已鲜，倒也平平；下句写雨后花儿更红，“试”字极有意趣，似乎是经过一番雨洗，重新描妆的女儿，有拟人意。湖畔是这样春意弥漫，是适合恋爱的季节。三、四句却故作扫兴：“官船荡李桨，惊散一双鱼”，“李桨”就是“兰桨”，桨的美称，换字协律而已。湖中春水游鱼，何止一双？官船一路划来，不知惊散鱼儿多少！诗人却只说“惊散一双鱼”，便很有趣味了。这是多情人眼中的湖景，在他看来，官船的到来，破坏了湖畔的幽静，大不宜于怀春男女。此语不好明言，只好怪它无情地“惊散一双鱼”。这是无理的怨趣。

唐寅（1470—1523），字伯虎，一字子畏，号六如居士、桃花庵主。弘治十一年（1498）举乡试第一。程敏政被劾，寅亦株累下狱，谪为吏，耻不就。筑室桃花坞，日饮其中，蔑视世俗，狂放不羁。善书画，与祝允明、文徵明、徐祯卿称“吴中四才子”。

元宵

（明）◎唐寅

有灯无月不娱人，有月无灯不算春。春到人间人似玉，灯烧月下月如银。满街珠翠游村女，沸地笙歌赛社神。不展芳尊开口笑，如何消得此良辰。

元宵节到了明朝，愈加受到重视，自明太祖始，张灯的日数又增为十日，这是历史上最长的灯节。百姓过节的兴致也越来越高，据《宛署杂记》记载，自正月初十起，北京东安门外迤北大街便有灯市贩售各种花灯。靠近灯市的房子到了元宵节之前，租金就大幅涨升，人人都想占据一绝佳的位置以便赏灯。

元宵是春节庆典的尾声，因此也就最为热闹。在诗人看来，如此狂欢佳节，须得有月有灯才算完美：“有灯无月不娱人，有月无灯不算春。”有灯而无月，游玩的兴致也会消减不少；一年中的有月之夜倒也不缺，如若有月而无灯，又怎能算是元宵呢？

“春到人间人似玉，灯烧月下月如银”，可贵的是灯月两全的元宵节，在这初返人间的春晖里，有如玉佳人相衬，更觉春意无限浓溢了。渐天如水，素月当午，地上万盏灯火，一派通明。星月灯烛，交相辉映，更显得月华如水，光泄如银。

此联上句将人比作玉，无甚新意。但“到”字用得别有妙处，似乎早就料定春光会到人间：不是么，年年元宵都是春意无限，今年春光一定也不会爽约的。下句以银光喻月华，

甚是妥帖，不过也没有很大的新奇之处，但“烧”字却显得极具动态，仅一字就令人联想到“火树银花、灯市如昼”的灯火盛景。“到”、“烧”二字家常语气息浓厚，质朴平易，但均感生动贴切，用得恰到好处。

“游村”、“赛社神”均是旧俗。“赛社”是指农人们在一年农事完毕后，陈酒食以祭土神，相与饮酒作乐。“赛神”也是设祭酬神，古时人们还会用仪仗、箫鼓、杂戏迎神，集会酬祭。“社”字，本意“示土”，即示人要报谢土地之神恩赐五谷；“赛”言报，指“报神福”，形同为神庆寿，以祈以报，亦礼亦乐，至明不绝。

元宵节历代不衰，除了宗教的推动、朝廷的许可开禁外，还和农耕社会的历史原因有关，这段期间对于中国绝大部分的地区都是农闲，过完了年也没事干，所以有一段比较长的空闲时间，可让大家尽情地欢乐一番。而且元宵庆祝活动很多也与农耕文明渊源颇深，如游村、祭社神等都与农耕文明的兴起相伴。

“满街珠翠”、“沸地笙歌”都是对狂欢现状的描绘：歌舞笙乐，神灯佛火，云车火树，珠翠管弦。旧时妇女被约束较多，平时很难有自由出游的机会，但在元宵节却可以外出随意闹灯火。所以元宵节也就成了未婚青年们寻觅意中人乃至于幽会的最佳时机，于是“月上柳梢头，人约黄昏后”，于是“满街珠翠”、“人如玉”，多少爱情故事在此时上演，多少异性的倾慕在此时发生。

“不展芳尊开口笑，如何消得此良辰”，最后以反诘的语气，直抒胸臆——“尘世难逢开口笑”，此时不笑，更待何时。元宵可以说是中国人的狂欢节，而狂欢节日的社会功能，正是要让普天下人在饱尝生活艰辛的三百六十四天之后，也有充分感受开心的一天。

李梦阳(1472—1529),字天赐,又字献吉,号空同子。庆阳(今属甘肃)人。后徙河南扶沟。弘治进士,曾任户部郎中。因反奸宦刘瑾,下狱。瑾死,起江西提学副使,后因事夺职家居。他倡言复古,反对虚浮的“台阁体”。与何景明等相呼应,号称“前七子”,在当时影响颇大。但因过分强调复古,亦有不良倾向。其诗亦有深刻雄健之作。有《空同集》。

汴京元夕

(明)◎ 李梦阳

中山孺子倚新妆,郑女燕姬独擅场。齐唱宪王春乐府,金梁桥外月如霜。

汴京元宵节作。原诗一组共五首,这里所选的一首,以形象精彩之笔,描写月夜歌唱的场面,十分生动而又韵味悠然。

这首诗的重点是在“齐唱宪王春乐府”一句,主要表现男女齐唱时的情形。开始两句,先从参加齐唱的人写起。先写男子——“中山孺子”。孺子即后生,此指青年。中山是春秋战国时国名,在今河北定县一带,古多英俊男子。这里的“中山孺子”是泛指北方的男性青年。这些挑选出来参加歌唱的男青年本来就够漂亮的,再穿上入时的新妆,打扮起来,那就更加漂亮了。再写女子——“郑女燕姬”,郑、燕都是古国名,辖境在今河南、河北一带,古多美女,这里是泛指北方女子。这些参加演唱的女子当然也是挑选出来的美女,她们胜过众人,压倒全场。开始这两句虽然旨在点明演唱的人员,但又并非是纯乎客观的介绍,“倚新妆”的“倚”字,“独擅场”的“独”字,都暗含着一种互相比赛,争妍斗艳之意,男女的情态得到了生动的表现,那种热烈、欢乐而又兴奋的场面,也凸现出来。这时虽然还没有写到他们的歌唱,但人们可以想见,这些英俊的男子、漂亮的女子的歌声,该有多么美妙。

第三句作为全诗的中心，终于写到了歌唱。不过，诗句中并没有写歌声如何，只点明歌唱的形式是“齐唱”，歌唱的内容是“宪王”的“春乐府”。据《明史·诸王传》，宪王即朱有燉（1379—1439），明太祖朱元璋孙，谥宪。他能诗善画，谙晓音律，是明初影响较大的散曲、杂剧作家，剧作达三十一种，总名《诚斋乐府》。这里演唱的是他的乐府中的一种。地位这样显赫、成就又很高的人物的乐府，自然是十分美妙。用男女声“齐唱”的形式来演唱，不仅声音宏大，而且刚柔相济，雄浑中有清脆，听起来是多么悦耳。这里仍然只是暗示，没有正面去写歌声，但却使人有如闻其声的感觉。

直到最后一句，不仅没有写到歌声，反而宕开笔端，去写天上的月色。“金梁桥”在汴京，从桥上望过去，那一轮明月正遥挂天际，洒下如霜的清光，给整个汴京城披上了一层薄薄的轻纱，全城变得朦胧、幽邃，更加显示出动人的韵致。此时，那男女齐唱“春乐府”的歌声，不仅响彻全城，而且在月光中也更加清亮，仿佛从地上直飘向月宫。这是多么美妙的歌声和迷人的情景啊！这一句，作者是以景衬声，在诉诸视觉的月色中，暗暗包含了诉诸听觉的歌声。这样一衬，歌声似乎显得“形象化”了，好像看得见，摸得着，更给人以清晰、深刻的印象。作者巧妙的安排，使得诗歌最后更加耐人含咀，神味渊永，情韵不匮。

全诗没有一句正面描写歌声，但又句句关涉歌声，在委婉的措辞中，把歌声表现得十分动人。

清明前一日

（清）◎李　渔

李渔（1611—1685），字笠翁，浙江兰溪人。擅长诗、曲。有《笠翁一家言》。

正当离乱世，莫说艳阳天。地冷易寒食，烽多难禁烟。战场花是血，驿路柳为鞭。荒垅关山隔，凭谁寄纸钱？

清明前一日，即寒食节。此诗写作背景是：顺治二年（1645），清军攻占南京，弘光朝崩溃。马士英部退至杭州，其部下赵明襄掠劫浙东。接着方国安部过境，再行骚扰，给金华、兰溪民众带来深重苦难。李渔一家也东奔西逃。三年，清军在阮大铖、方国安等降将带领下攻打金华，双方激战二十日，城陷，守将朱大典全家自焚，诗人逃往深山。金华被屠城，成为一片废墟。此诗即借寒食禁火，抒发故国之思、哀悼之情。

"正当离乱世"二句从天气说起。清明时节雨纷纷，天昏地暗，哪来艳阳天？象征金华一带的凄凉情景。"地冷易寒食"二句写寒食节的感慨。难民们颠沛流离，无法熟炊，只能食生冷之物度日，已无一丝往昔寒食节的情趣了。这一天本来不准生火，可是谁又禁得战争的烽烟呢？"战场花是血"二句表现流民心惊肉跳的心态。他们一见到战场上的红花，就触目惊心，以为是敌人屠刀滴下的鲜血；一看到驿路边的垂柳，即惊骇不已，认为是清军抽来的马鞭。间接揭露了入侵者令人发指的暴行。"荒垅关山隔"二句就寒食风俗作想，次日为清明节，是祭扫之日，作者本想为朱大典等一烧纸钱，可是逃难异地，关山阻绝，心长力拙，只能遥向故乡，凭空吊念一番。言下有无尽的哀痛。

酬王处士九日见怀之作

（清）◎ 顾炎武

是日惊秋老，相望各一涯。离杯销浊酒，愁眼见黄花。天地存肝胆，江山阅鬓华。多蒙千里讯，逐客已无家。

顾炎武（1613—1682），本名继坤，更名绛，字忠清，后改名炎武，字宁人，号亭林。江苏昆山亭林镇人。明末，曾参与“复社”反宦官、权贵的斗争。清兵南下，南明覆亡后，又积极参加昆山、嘉定一带的人民抗清起义。失败后，游历华北等地，纠合同道，不忘复国。晚年居华阴，卒于曲沃。其学识广博精深，著述极多。有《日知录》、《亭林诗文集》等。

古代以九为阳，九月九日正是阳月阳日，故名“重阳”。民间有在此日饮菊花酒、登高等风俗。对于有家国之痛的作者，这个节日却别一番滋味：“是日惊秋老。”“惊”字很重，和“老”字一起，骤生一种刺激。“秋老”了，人呢？虽然作者年方44岁，但江山鼎移已整整十二春秋，南明地盘越来越小，在诗人的潜意识中岂无“惊老”之叹？“相望各一涯”紧扣题面，写由王处士见怀之作引起对老友的想念。

按，作者曾因家仆事与乡豪生隙，系狱松江，得到过王炜等人的关照，有《松江别王处士炜》诗答谢。至秋，王有《秋日怀宁人道长先生》致问，诗有“满眼黄花无限酒，不知元亮可销忧”之句。此诗“离杯销浊酒，愁眼见黄花”就是对王诗致问的酬答。经历丧乱，养母王硕人绝食而终，两弟并遭难，弟妻朱氏引刀刺喉，“愁眼见黄花”便包含有这些难言的情事。

“天地存肝胆”二句，写故人的风义相期。盖作者“身负沉痛，思大揭其亲之志于天下，奔走流离，欲见诸事功不可得。数十年扉诉之衷，幽隐之情，无可发泄，时于诗见之，所谓以歌当哭者也”（徐嘉《顾诗笺注·路序》）。虽然江山换主，天地变革，仍汲汲恢复，至死不渝——肝胆可鉴天地，白发能感河山，沉郁苍凉，风骨遒劲，是诗中的豪言壮语。

“多蒙千里讯”是对故人寄信的答谢。按，作者狱解后，仍因乡豪的迫害，致归不得。“逐客已无家”就是顺带把这个情况告诉友人，同时也包含对时事的感怆、悲愤。

上巳将过金陵

(清) ◎ 龚鼎孳

蜈矶一棹水云宽，采石晴峰涌翠盘。天气殊佳芳禊会，海风吹客到长干。

倚槛春风玉树飘，空江铁锁野烟消。兴怀无限兰亭感，流水青山送六朝。

龚鼎孳(1614—1673)，字孝升，号芝麓。安徽合肥人。明崇祯进士，授兵科给事中。降清后，官至礼部尚书。与钱谦益、吴伟业合称为“江左三家”。有《定山堂集》。

蜈矶在芜湖西的大江中，山上有灵泽夫人庙。三国时孙权本与刘备联合对抗曹操，以妹嫁备，后蜀、吴交恶相攻，孙夫人自沉于蜈矶。后人建祠以祀之。此二诗是作者由广东北返，上巳日将过金陵(今南京)时所作。“天气殊佳芳禊会”、“兴怀无限兰亭感”二句皆紧扣上巳节而言。

前诗写船由安徽芜湖走水路向今天的南京进发的观感。“采石”，即采石矶，在安徽当涂西北，一峰突出江中。相传唐代大诗人李白捉月自沉于此。清尤珍诗云：“李白昔醉酒，曾游采石矶。矶流一何急，弄月不知归。”(《采石矶》)首提江上蜈矶、采石两矶，是记程，也是联想。“一棹水云宽”写江水浩渺，平流缓展之态如见。“晴峰涌翠盘”，晴峰立在碧水中，正是“天气殊佳”的景色。修禊祈祥是上巳的风俗，“海风”实是江风，写正是顺风，吹着征帆向东面的金陵驶去。此诗抒情甚是空灵，但联系后诗“流水青山送六朝”，则“海风吹客到长干（金陵地名）”的“长干”，与上文“蟂矶”、“采石”还是隐含“江山留胜迹，我辈复登临”那样的感慨，只不过作者不是登临，而是极目眺望，心情总是一样的。

后诗连用三典，叠写兴亡之慨。“玉树飘”，是陈后主的典故，陈叔宝宫中最艳丽的乐曲有《玉树后庭花》，其辞曰：“玉树后庭花，花开不复久。”后世认为是亡国之音。“空江铁锁野烟消”涉及史实，晋武帝命王濬伐吴，吴以铁锁链锁江截之，王濬以大炬烧断铁锁，遂入金陵，吴主孙皓投降。刘禹锡有“王濬楼船下益州，金陵王气黯然收。千寻铁锁沉江底，一片降幡出石头”（《西塞山怀古》）之句。两句隐射南明福王朱由崧的覆亡。“兰亭感”指王羲之《兰亭集序》“修短随化，终期于尽”那一段议论，紧扣上巳节为词，因为《兰亭集序》就写在东晋永和九年的那个上巳节。“流水青山送六朝”是说六朝来也匆匆，去也匆匆，就像江行中的船，很快就被流水青山送走了。

在政治上，作者固然作了贰臣，但在心灵深处，对前朝还是有很深的眷念，正如他对新朝有许多的不适应一样。这种沉痛，在字里行间是可以体会得到的。

甲辰九日感怀

（清）◎ 顾祖禹

顾祖禹（1624—1680），字景范。江苏无锡人。一生未仕，长于舆地之学，著有《读史方舆纪要》，并参与了编辑《清一统志》。能诗，有《宛溪集》。

萧飒西风动客愁，停尊无处漫登楼。赭衣天地骊山道，白袷亲朋易水秋。征雁南飞无故国，啼猿北望有神州。茱萸黄菊寻常事，此日催人易白头。

此诗是为悼念抗清将领张煌言遇难而作。张煌言（1620—1664），字玄著，号苍水，浙江鄞县人。明崇祯举人，弘光元年（1645）起兵抗清，奉鲁王监国，据守浙东山地和沿海一带，官至兵部尚书。鲁王政权覆灭，他又与十三家农民联系抗清。至康熙三年（1664），因见大势已去，遂解散义师，隐居南田（今浙江象山），七月被清兵执至杭州，九月七日就义。诗题中“甲辰”，即康熙三年；“九日”，即九月初九，重阳日。作这首诗时，正是张煌言遇难的第三天，作者在刚刚闻听凶耗之后，不能自已的满腔悲愤，犹见于字里行间，表现出对义士的深深悼念之情和强烈的故国之思。

首联“萧飒西风动客愁，停尊无处漫登楼”，第一句表面是说，作者在作客他乡之时，那萧瑟的秋风吹来，引动了寄人篱下的无限悲愁。“萧飒”，同萧瑟，秋风之声。这里暗用了宋玉《九辩》中句意：“悲哉秋之为气也，萧瑟兮草木摇落而变衰。”但是，如果联系整首诗的内容来考察，我们就不难发现，这里的“萧飒西风”实际是指张煌言遇难的消息，这消息传来，像秋风引动客愁一样，引起了作者内心的无限悲痛。由于当时清朝的政治高压，作者不能明言，故借西风以指噩耗，意思极为深沉委婉，一片凄凉悲伤之意，溢于言外。下句说，正因为作者这样悲伤，而且流落异乡，所以虽在重阳之日，也“停杯无处”（即无处停杯），无法登高（山）

饮酒，只好登上高楼，遥望故乡，以寄哀思。“漫”字用得极为精当，它确切而形象地表现出作者在闻听噩耗时那种怅然若失，举措茫然的情形，内心悲痛被表现得十分深刻。这一联从西风写起，暗切题中“九日”，并且含蓄地引出登楼悼念之意，为以下各联张本。

中间两联，即写作者登楼时的所见所感。颔联“赭衣天地骊山道，白袷亲朋易水秋”，“赭衣”，古代罪犯所穿的赤色衣服。“骊山”，在陕西临潼县。据《汉书·刑法志》：秦始皇发罪人筑骊山阁道，“赭衣塞路”。“白袷”，即白色夹衣。据《史记·刺客列传》，燕太子丹派荆轲刺秦王，亲朋好友都穿戴白色衣冠到易水河边饯别。这一联集中使用了一些与秦朝有关的典故，以暴虐无道的秦朝比喻对中国实行残酷统治的满清王朝，表现了对清朝以刀锯鼎镬待天下，滥杀抗清义士的强烈不满；同时以荆轲比喻张煌言，肯定了他抗清的正义行动。作者的憎爱表现得强

烈而又分明。后一句中，还隐含着“风萧萧兮易水寒，壮士一去兮不复还”之意，对张煌言的抗清失败，去而不返，惨遭杀害，表示了深切的追念，意思更为痛切、深刻。两句好像是写登楼所见，其实只是所感，是紧承首联闻听张煌言被杀的凶耗而来，作者把无尽的悲愤浓缩其间，字字凝结着血泪。颈联“征雁南飞无故国，啼猿北望有神州”。作者在极度悲愤中抬起望眼，看到那广阔的天宇中，大雁正在向南飞去；而在山岭之间，又听得传来一声声哀猿的啼鸣，心情分外沉痛。然而，更加沉痛之处还在于，诗中的“征雁”、“啼猿”，其实就是作者自己的形象。他像“征雁”那样，向往和寻找南明故国，然而，江山易主，时光流逝，哪里还有故国的一寸土地呢？他只有像“啼猿”那样，深情地北望曾是故明国土的神州大地，伤心地落泪了。这一联把景和情紧密结合在一起，通过比喻，诗意有了进一步引深和发展，从痛悼张煌言的被杀，转向描写整个明朝的灭亡，使哀痛更加深沉广远。中间这两联，前一联是虚写，虚中有实；后一联是实写，实中有虚。这样虚实结合，把登楼时的所见所感交织在一起，通过生动形象的笔墨，传达给读者，是引起心灵的强烈共振。

最后，作者写出了对今天这个非同寻常的重九日的特别感受，把题目点清，进一步寄托深沉的哀痛。尾联“茱萸黄菊寻常事，此日催人易白头”，“茱萸”，一名越椒，一种有香气的植物，据《西京杂记》记载：“汉武帝宫人贾佩兰，九月九日佩茱萸，食蓬饵，饮菊花酒，云令人地。”以后遂相沿成习，佩茱萸、赏黄菊就成为重阳节的寻常之事。然而，今日看来，这些都一点也不寻常了。要同张煌言一起佩茱萸，赏黄菊，今日不可能，今后也永远不可能了，这是怎样的无法弥补的哀痛呢？那萧飒的西风，阵阵吹来，遍地黄花，格外凄清。此时，对死难者的悲痛，对故国的思念，禁不住一齐涌上心头，真使人愁肠百结，头发都快要白了。到此，悼念之情，感怀之意，表达得极为含蓄而又充分，一片悲伤，令人不忍卒读。全诗情绪苍凉，格调雄浑，在婉曲深折中，又显得平易流畅，表现了作者的风格。

珠江午日观渡

（清）◎ 朱彝尊

蛮歌抚节下空江，画舸朱旗得几双？想象戈船犹汉日，忽惊风土异乡邦。芙蓉远水迷花渡，琥珀深杯覆酒缸。近市青楼经乱尽，知无红粉出当窗。

朱彝尊（1629—1709），字锡鬯，号竹垞，秀水（今浙江嘉兴）人。康熙十八年（1679）应博学鸿词科，授翰林院检讨。后革职，归家潜心著述。博通经史。诗与王士禛并称。词宗姜、张，为浙西词派创始人。有《曝书亭诗文选》。

农历五月初五为端午节。“端午”即“端五”，端是初的意思。战国时，爱国诗人屈原遭谗言被放逐后，目睹楚国政治日益腐败，又不得实现自己的政治理想，无力拯救危亡的祖国，于是自投汨罗江以殉国。楚人为了不使鱼虾吃掉其尸体，纷纷用糯米和面粉捏成各种形状的饼子投入江心，这便成为后来端午节吃粽子的来源。如今这种风俗已传到了国外。

此诗于顺治十四年（1657）的端午节，作于广州。农历五月初五竞舟江上，原是华夏民族的习俗，而且这个节日的命定，其初意又与祭奠沉江殉志的中国第一个爱国诗人屈原有关。这样，在清初这个特定的历史时期，在刚经历过一场血与火的民族争斗的广州珠江之畔这块地方，“端午观渡” 这个节日即以暗寓有华夷之别和凭吊先烈的内涵而具其特定含义。尽管朱彝尊闪烁其词，冷峻之意出之以热闹之笔，读者仍可按之而得弦外之音。

“蛮歌抚节下空江”二句写珠江端午节的萧条。起句中“蛮歌”与“空江”的择用，已见其皮里阳秋笔意。“蛮”原指南方少数民族，内地或江浙一带惯以“南蛮子”蔑称粤地之民。朱氏是否还从华夷、汉蛮之别角度，暗指失去了汉官仪的八旗风习，不必断然言定，但与下文的“犹汉日”云云，是值得推敲的。重要的还在“空江”之“空”，端阳舟渡本应旌旗龙舟漫江而竞，现今却是江上空寂，仅有二三“蛮歌抚节”，打着节拍唱着“蛮歌”而已。一种萧条冷落的氛围在看似热闹的渲染中已深沉地表现出来。接着以“画舸朱旗得几双”的诘问句补足这“空”字，龙舟龙旗有几对啊？“蛮歌抚节”之舟再多，不见或少见“画舸朱旗”，那么江上视听所获只能是一种失落感的“空”落落，冷清清。如此“观渡”，对一个尚有民族自尊心，还未忘旧朝仪式的人来说，其怅惘、哀叹是必然的。

“想象戈船犹汉日”二句写世事沧桑之感。“想象戈船犹汉日”，是往昔的情景，是已消逝的过去，是明王朝统治下的日子里的舟渡壮观。现今呢？“忽惊风土异乡邦”了！“乡邦”是掩饰词，表层看，可以让人理解为粤地习俗与浙西有异，内里很显然是指汉、满之别，“华夷”之别。这从颔联一出一对的“犹汉日”、“异乡邦”可以审辨到。朱彝尊运用的笔犹似两面出锋的双刃剑，其效果也即俗谓“一南两响”。这与通常所说的含蓄不同，而是夹层寓义、双层意。

“芙蓉远水迷花渡”二句写借酒浇愁。“芙蓉远水迷花渡”是虚笔，以写芙蓉花开遍江上遮迷“花渡”，来表现“渡”之荒凉。渡，本应是人众密集处，观渡竞渡人所群聚地。可是眼前花密人稀，入眼清凄。一个“迷”字用得极虚灵、迷离、迷茫，任人体味。迨“琥珀深杯覆酒缸”是实写，写以酒浇胸中块垒，借酒驱迷茫之愁哀。如此一想，“芙蓉远水”与“琥珀深杯”这联工整、密丽的对句，全是围绕着一种悲愁的心态，并充分地将上一联中“惊”的沉慨大痛托了起来。前后照应，互为表里，作为一首律诗，在短短八句中脉络紧密勾连，由此可见。

“近市青楼经乱尽”二句写乱后珠江午日景色的不堪回首。往昔龙舟竞渡，画舸朱旗下倩男冶女云集，临江青楼红闺各式粉妆女子当窗竞艳，盛况可以想象。眼下江上画舸固已“得几双”了，少得可怜，而“红粉当窗”景观亦已尽无了。这一切全因“经乱”而后尽失之故。这里的“青楼”、“红粉”意象其实是一个符号，其意义在于标志盛衰起落。这样，诗人笔底的借取冶艳之词的本意就可自明。以热闹之笔写冷峻之意，确是此诗的特色。

夜 雪

（清）◎ 张实居

斗室香添小篆烟，一灯静对似枯禅。忽惊夜半寒浸骨，流水无声山皓然。

张实居（？—？），清诗人，字宾公，号萧亭，山东邹平人。著有《萧亭集》。

此为冬令之作，惟妙惟肖地刻画出诗人在雪夜的感受和夜雪的神情。首二句写的是一个充满温馨气氛的小房间，房间里充满熏香的气息，空中弥散着袅袅的香烟。房间里坐着一个不眠的人，他对着一盏灯，拥裘而坐。“似枯禅”，当然不是真的进入禅定，而是那姿态表情像煞。诗人没有交代这是个什么房间，也没有交代他干什么——因为这对于“夜雪”主题无关紧要。你可以想象这是一间书屋，屋中人焚香夜坐，是雪夜用功，或者是“雪夜读禁书”，总之他神情专注，心无旁骛，忘记了身外的一切，忘记了冬夜的严寒。

这两句首先刻画出一种忘情的境界，对突出下两句“忽惊”的感受，是非常必要的。如果屋中人先就对天气很在乎，也便没有后来的惊奇感了。“夜雪”在这一点上和春雨一样，是随风潜入夜，渐积而无声。所以诗中主人公很久都没有发觉天降大雪。直到夜半雪积甚多，气温骤降，令人不可禁当，他这才猛地打了个寒噤，觉得有点不对。推窗一看，对面的山峰白得耀眼，而门前的溪水也已没有流水的声音。

“忽惊夜半寒浸骨，流水无声山皓然”二句之妙，在于写出雪夜的真切感受。“忽惊”云云，见得夜雪之来，神不知鬼不觉。“夜半”是一夜中气温最低的时候，积雪大都发生在后半夜，所以也才有“寒浸骨”之感。“流水无声山皓然”写出一个新鲜的发现，可见入夜以前门前溪流有声，而对面的山头无雪，所以才叫诗人惊讶。“无声”二字不仅暗示出溪冻断流，而且也酷肖夜雪和雪夜静穆的神韵。

韦应物《休日访人不遇》有“怪来诗思清人骨，门对寒流雪满山”的名句，与本篇末二句异曲同工。故沈德潜评本篇云：“不明点雪，读末句神于赋雪矣。左司（韦应物）‘门对寒流’之后复见本篇。”（《清诗别裁集》）

癸巳除夕偶成

（清）◎ 黄景仁

黄景仁（1749—1783），字汉镛，一字仲则，号鹿非子，江苏武进人。早孤家贫，曾游安徽学政朱筠幕。乾隆三十年（1765）秀才。清高宗南巡召试名列二等，以英武殿书签，例得主簿。后授县丞，未到任而卒。有《两当轩全集》。

千家笑语漏迟迟，忧患潜从物外知。悄立市桥人不识，一星如月看多时。

年年此夕费吟呻，儿女灯前窃笑频。汝辈何知吾自悔，枉抛心力作诗人。

此二诗作于乾隆三十八年癸巳除夕（1773），作者从安徽学政幕府返回故里阳湖（今江苏武进）过年时。

前诗主题句为“忧患潜从物外知”。“千家笑语漏迟迟”写除夕的热闹气氛，而时间在“千家笑语”中默默流逝。“漏迟迟”三字，既烘托出除夕在守岁过程中千家万户的欢乐无忧，又暗透了清醒而孤独的诗人在耳闻千家笑语和迟迟更漏的情况下浮动索绕的思绪。

“忧患潜从物外知”写自己在上述情景下产生的忧患。“物外”，指具体的事象、物象之外，犹所谓冥冥之中。就在这千家笑语、无忧无患的除夕之夜，诗人却隐隐约约地从冥冥之中感觉到了某种深刻忧患的预兆，产生了一种模糊的天下将要发生变故的预感。说“潜从”，正因为它深藏于耳目所不能接的“物外”，是一种来自社会历史深层的信息。这种忧患感既隐约模糊，又深刻强烈，迫使敏感的诗人去思索、探寻其底蕴。这种“潜从物外知”的“忧患”，是一种比一般的具体忧患深广得多的忧患，既非单纯的个人命运的忧患，局部问题的忧患，甚至并不完全是对清王朝命运的忧患，而是一种对封建末世总体危机的预感，带有隐约模糊，可以感知，却无法明白表述的特征。

“悄立市桥人不识”所展现的正是一个避开千家笑语，独自静立于市桥之上沉思默想的诗人形象。说“人不识”，意在显示自己那种异于常人的清醒、孤独与忧思不为人所理解，颇有举世皆醉而我独醒的意味。

“一星如月看多时”是对沉思默想中诗人神情心态的传神描写。一颗明亮的星吸引了他的目光，但目虽长久专注于如月的明星，心则驰骛于物外冥冥之域，沉思默想，不觉时间之推移。这句写景，似有象征，实则并无寓意，它不过是对一个有潜在忧患感的诗人沉思默想时既专注而又恍惚的神情的描写，如是而已。

后诗的主题句是“枉抛心力作诗人”。除夕例必赋诗，赋诗则必苦心构思推敲，短吟长呻，故说“年年此夕费吟呻”，隐逗末句“枉抛心力作诗人”。看到诗人这副吟诗入魔、拈须沉吟之状，不解事的小儿女们每每在灯前偷偷暗笑。“窃笑频”三字不但画出了小儿女在父亲面前既天真顽皮，又有几分畏惧的情态，而且透出了诗人对儿女的亲切之情。

“汝辈何知吾自悔”，小儿女只感到父亲对吟诗的执著与费神，却并不了解他的内心痛苦。所谓“自悔”，当然不是真正的后悔，而是对“吟诗作赋北窗里，万言不值一杯水”的现实的愤激。作者怀才不遇，生活穷困。“全家都在风声里，九月寒衣未剪裁”，正是他穷愁潦倒生活的真实写照。社会对作者的冷漠和作者命运的多蹇，才使他发出如此愤激的感慨。“枉”字下笔很重，其中凝聚了作者的切身生活体验和对社会的不平。

“枉抛心力作诗人”从唐温庭筠“莫抛心力作词人”(《过蔡中郎坟》)化出，只改动了其中两个字。温庭筠是有感于“今已爱才非昔日”而发此感慨，虽心中愤愤，却仍寄希望于统治者的“爱才”，而黄景仁则是由于深切感受到封建末世整个社会对诗人的冷漠，乃是封建末世诗人的极大悲哀。

陈去病(1874—1933),字巢南,一字佩忍。江苏吴江人。1903年到日本,参加了拒俄义勇队。第二年回到上海担任《警钟日报》主笔。后加入同盟会。辛亥革命后加入声讨袁世凯的斗争。工诗。其诗多抒革命情怀,风格质朴苍劲。

中元节自黄浦出吴淞泛海

(近代)◎ 陈去病

舵楼高唱大江东,万里苍茫一览空。海上波涛回荡极,眼前洲渚有无中。云磨雨洗天如碧,日炙风翻水泛红。唯有胥涛若银练,素车白马战秋风。

古人把正月十五称“上元”,七月十五称“中元”,十月十五称“下元”。最迟在南北朝早期,三元已是要举行大典的日子。三元中,上元最受重视。到后来,中元、下元的庆典逐渐废除,而上元经久不衰。

此诗作于光绪三十四年(1908)农历七月十五,作者由上海乘船渡海赴汕头时。吴淞江与黄浦江于上海会合后,出吴淞口,会长江入海。当诗人乘坐的海轮出吴淞由长江口入海时,登上甲板,极目海天,豪情满怀,遂作此诗。

“舵楼高唱大江东”二句写出发时的豪情。在万里长江东流入海处,作者心里升起一种以天下为己任的使命感和迎接战斗的豪迈感,情不自禁地吟起苏东坡的“大江东去,浪淘尽,千古风流人物”。脚下的江水浪涛,眼前的飘风流云,与词句描绘的景色多么吻合啊。而历史长河万古奔腾,无数英雄俱为陈迹,天下兴亡正在我辈的博大胸襟,才是诗人吟哦古人佳句的意兴所在。海天云水,万里苍茫,目光可直视无碍,直到天与水的尽头。“一览空”的“空”字,不仅是景物的写真,更是情志的奔放。

“海上波涛回荡极”二句写即目所见海景。“回荡极”极言浪涛的动荡变化,往复无尽。“洲渚”乃水中小片陆地。大浪相激鼓荡不已,烟波浩渺,一片蒙蒙,沙州小岛看似若有若无。两句写出烟波浩渺的情景。

“云磨雨洗天如碧”二句写阵雨及雨霁。按作者自注:“烈日中忽遇阵雨。”阵雨之后天空一碧万顷,骄阳映照得海面泛出一片红光。两句写出视觉的强烈印象。“云磨雨洗天如碧”的“磨”字,把海上风云变幻、各色云块擦天而过的动感、动态描绘得生动传神,赋予了云、天一种硬度,一种质感,收到了奇特新鲜的艺术效果。而诗人的情操亦从这一个“磨”字里透出消息。

“唯有胥涛若银练”二句用春秋时楚国人伍子胥的故事来结束全诗。子胥协助吴王夫差打败越国后,屡次劝谏吴王,指出越国是吴的心腹大患,不可不防。吴王不但不听,反信谗言,赐剑让他自杀。子胥死后,怒气化为江潮,相传有人见他乘素车白马立在潮头上。二句在写波涛的状况时,通过典故的运用,寄托了作者与旧势力拼搏的决心和向往战斗的激情。